# LES DIEUX DE L'HISTOIRE

Michel Germain

Introduction à la philosophie I

# LES DIEUX DE L'HISTOIRE
## LA VISION SACRÉE

Éditions Mots en toile

Révision : Jean-Pierre Rhéaume
Graphisme et typographie : Jean Bergeron
Dessins : Catherine Parent

Les Éditions Mots en toile
Courriel : info@motsentoile.ca

J'ai étudié la physique,
Pas l'histoire de la physique.
J'ai étudié les mathématiques,
Pas l'histoire des mathématiques.
J'ai étudié, je suis devenu professeur.
J'enseigne la philosophie.

Cet ouvrage ne comporte nulle référence explicite à des livres savants ou à des articles spécialisés. Il ne prétend même pas faire référence à des développements « récents » sur ces sujets. Il s'adresse à des gens pour qui avoir investi ma vie dans l'écriture et vouloir être lisible sont en soi un gage d'intégrité.

Cet ouvrage a été conçu et rédigé sans l'aide d'aucun ministère, d'aucune bourse ou de toute autre forme de subvention privée ou publique. Il a été motivé par l'amour d'une « chose » qui me laisse sans mots pour la décrire. La manière de m'exprimer, les idées travaillées et les penseurs présentés sont le résultat d'un désir de « collégialité ».

Un gros merci à tous les élèves et les personnes qui durant mes trente-cinq années de vie comme philosophe, d'un simple sourire, d'une étincelle dans le regard ou d'une question touchante, ont éveillé mon esprit.

Un gros merci à de nombreux collègues du collège de Maisonneuve, et pas seulement les philosophes, dont les réponses et les indications précises m'ont grandement facilité la vie.

Un gros merci à Catherine. Je lui avais demandé d'illustrer le récit. Après quelques semaines de réflexion, elle m'a demandé si une interprétation « amérindienne » serait acceptable. Pourquoi pas ? Me montrant ses premiers dessins, elle m'a dit prendre beaucoup de temps pour se documenter. Elle m'a fourni ce que je n'avais su lui demander. C'était notre première tentative de BD et nous avons tous deux appris beaucoup.

Un gros merci à Jean Bergeron qui a occulté de ma vie quasi tout souci informatique à une époque où sept longs jours de labeur laissent toujours des projets entiers sur les tablettes.

Notre *Introduction à la philosophie* comportera 5 tomes :

I- Les Dieux de l'Histoire : La vision sacrée

II- Petit missel de la raison : Le procès des croyances

III- Les expertises technoscientifiques : La vision fonctionnelle

IV- L'humain au 20ᵉ siècle : L'hommilière 1

V- L'éthique de la caverne : L'hommilière 2

Jean-Philippe L. décembre 2010.

La philosophie n'explique pas tant la religion elle-même, mais le sentiment religieux (…) il ne faut pas l'associer nécessairement à des lois dictées par un prêtre, mais plutôt à toute croyance que l'on ne peut pas prouver et à laquelle un humain peut adhérer.

On trouvera un supplément d'informations à l'adresse : http://michelgermain.mé/introphilo.

On trouvera cinq types d'icônes :

Les « histoires » sont des présentations littéraires. Le caractère d'impression plus petit souligne qu'il s'agit d'illustrations au propos, c'est-à-dire des images littéraires.

Les « portraits » résument des penseurs, des visions ou des réalisations qui ont marqué la vie philosophique autour de moi et pour moi.

Les « actualités » sont des événements de l'histoire présente que j'ai notés spontanément.

Les « témoignages » sont des extraits d'essais écrits par mes élèves à partir d'un thème général (optionnel) : « La philo dans ma vie, qu'est-ce que ça donne ? »

Les « fiches » présentent des courants d'idées ou des institutions qui ont marqué l'histoire de la philosophie et des idées.

(La lecture des fiches et des portraits n'est pas obligatoire pour mes élèves.)

# LA QUÊTE DE NINA

Nina aidait sa mère à broyer les herbes cueillies quand Oury annonça à la tribu que le temps de partir était venu.

Les recherches débuteraient à la nouvelle lune. Muguet vint s'entretenir avec la mère de Nina.

« Le gibier se fait rare. La promesse du Dieu des terres tire à sa fin. »

Puis la sage-femme demanda à Nina de se dévêtir et l'inspecta.

Le lendemain, le sorcier Oury rassembla chez lui trois futurs chasseurs ainsi que Muguet et quatre jeunes femmes, dont Nina.

« Vous avez été choisis pour participer au rituel de la quête du nouveau village. Vous serez initiés, purifiés et préparés. Puis la jeune femme qui sera choisie partira seule... »

« ... à la recherche de la nouvelle terre. Le jour suivant, les 3 jeunes chasseurs partiront sur sa trace. »

« Si les chasseurs ne la trouvent pas, une autre jeune femme partira dans cinq jours. » Les paroles du sorcier furent reçues avec grand émoi.

Les femmes devaient atteindre une clairière dans la forêt.

Là, Muguet leur indiqua de s'asseoir devant les cylindres.

Les yeux étincelants, elle les regarda tour à tour. La sage-femme les avait toutes mises au monde. Elle connaissait le secret des herbes et les histoires anciennes.

« Bien avant que les grandes eaux ne se retirent et que naissent les forêts, nos ancêtres vivaient parmi les Immortels dans un endroit appelé Forêt aux richesses infinies. Un des Immortels apprit aux hommes à fabriquer et à utiliser des arcs. Devenus habiles, les hommes tuèrent des oiseaux et en conséquence furent chassés de la Forêt aux richesses infinies. »

11

« Je vous montrerai comment trouver l'endroit où il sera bon de chasser », répondit le Dieu des terres.

« Comment allons-nous vivre ? Nous devrons errer sur un territoire inconnu. »

Un concours de tir à l'arc fut organisé, où trois hommes se distinguèrent.
« Demain, je libérerai un jeune cerf. Vous le suivrez à la trace et l'abattrez.
Là où coulera son sang, la forêt sera sous ma protection. »

Trois jours de suite, le Dieu des terres libéra un cerf, chaque fois les hommes tentèrent sans succès de le retrouver.

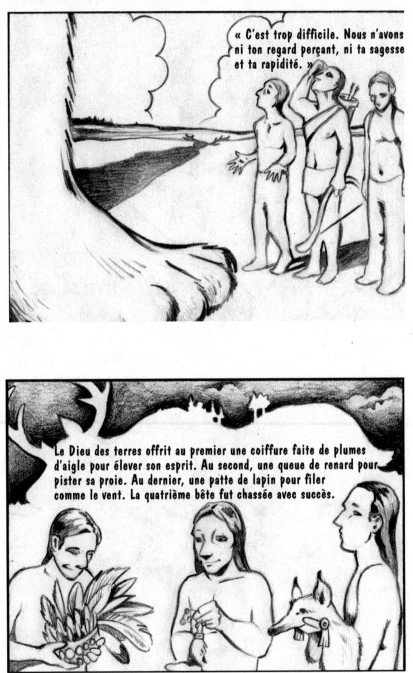

« C'est trop difficile. Nous n'avons ni ton regard perçant, ni ta sagesse et ta rapidité. »

Le Dieu des terres offrit au premier une coiffure faite de plumes d'aigle pour élever son esprit. Au second, une queue de renard pour pister sa proie. Au dernier, une patte de lapin pour filer comme le vent. La quatrième bête fut chassée avec succès.

Nos ancêtres s'établirent sur leur premier territoire de chasse. Ils profiteraient de la protection du Dieu des terres et auraient du gibier pour quatre années.

Après avoir entendu l'histoire, les quatre jeunes femmes se lavèrent, prièrent et se couchèrent au creux de l'écorce. Muguet les veilla.

Nina jeta les osselets et fut choisie. Muguet traça des signes sur son visage puis...

... lui donna ses instructions et les objets sacrés.

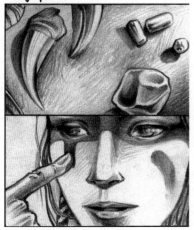

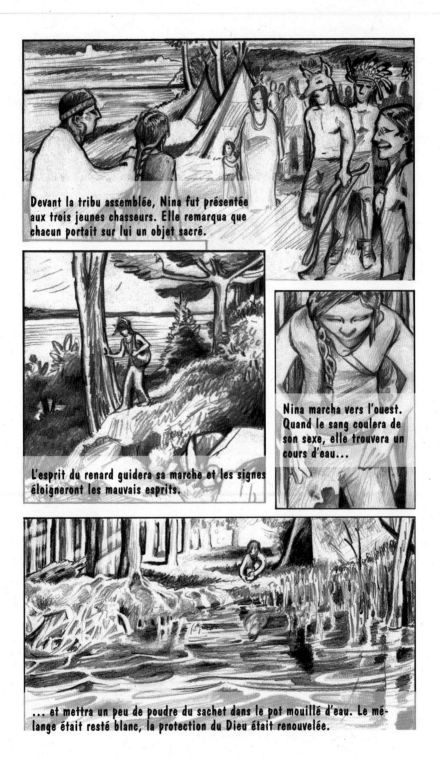

Devant la tribu assemblée, Nina fut présentée aux trois jeunes chasseurs. Elle remarqua que chacun portait sur lui un objet sacré.

L'esprit du renard guidera sa marche et les signes éloigneront les mauvais esprits.

Nina marcha vers l'ouest. Quand le sang coulera de son sexe, elle trouvera un cours d'eau...

... et mettra un peu de poudre du sachet dans le pot mouillé d'eau. Le mélange était resté blanc, la protection du Dieu était renouvelée.

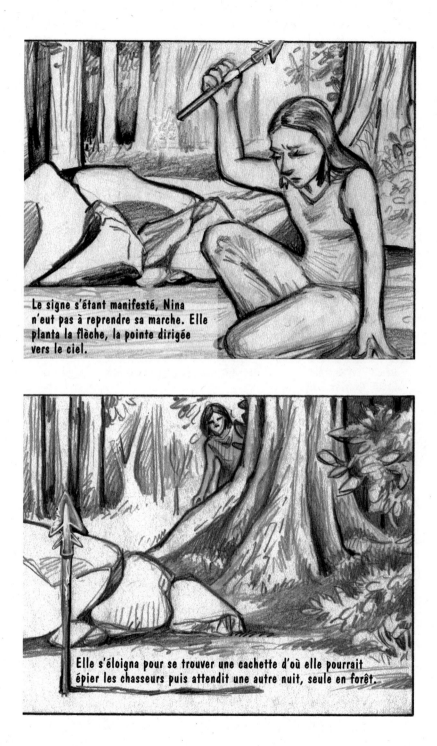

Le signe s'étant manifesté, Nina n'eut pas à reprendre sa marche. Elle planta la flèche, la pointe dirigée vers le ciel.

Elle s'éloigna pour se trouver une cachette d'où elle pourrait épier les chasseurs puis attendit une autre nuit, seule en forêt.

Midi à peine passé, elle vit un des jeunes chasseurs arriver. Après avoir regardé autour, il repartit en courant.

Deux jours durant, Nina dut attendre, passant la nuit dans sa cachette. Enfin, la tribu arriva.

Un autel de pierres fut construit, sur lequel la première bête tuée fut sacrifiée.

Sentant l'odeur de la viande brûlée, Nina put enfin sortir...

... et rejoindre les siens. « Tu deviendras sage-femme », lui dit Muguet.

Trois questions essentielles se posent à l'humain. *Qui suis-je?* *Où suis-je? Pourquoi suis-je?* Nos ancêtres lointains n'ont eu que des intuitions et des faits « naturels » pour répondre à ces interrogations et, ce faisant, ébaucher le premier roman du monde. C'est la vision sacrée dont Mircea Éliade nous a révélé la poésie. Un monde sacré dont notre ouvrage veut montrer le mode général de conception, le *blue print*, dit-on en « latin moderne ».

Une première question s'imposa : où sommes-nous ? À la surface d'un fruit périssable situé au centre d'une bulle éternelle, telle fut la réponse de la culture grecque. Un monde où l'erreur est possible et l'existence temporaire. J'explique.

### Mircea Éliade (1907 – 1986)

Mircea Éliade est né dans une famille chrétienne orthodoxe roumaine. Il publie à quatorze ans son premier article. À vingt ans, il maîtrise l'allemand, l'anglais, le français et l'italien. Il s'inscrit à la faculté de philosophie de l'université de Bucarest en 1925. La fréquentation de Nae Ionescu, un penseur d'extrême droite, a marqué sa réputation. Ses articles ont contribué à donner une assise philosophique au « Mouvement Légionnaire » de Codreanu. En 1928, il fait la connaissance à l'université d'Émile Cioran et d'Eugène Ionesco. Ils resteront ses amis en France.

Après l'obtention de sa licence de philosophie en 1928, il part pour l'Inde. Il séjourne trois ans à Calcutta où il prépare son doctorat. Il rentre en Roumanie en décembre 1931 et entreprend la rédaction de sa thèse *Le Yoga, immortalité et liberté*. En 1933 il publie un roman, *La Nuit bengali* (1950). La même année, il devient docteur en philosophie. De 1933 à 1940, il enseignera la philosophie indienne à l'Université de Bucarest.

En mars 1940, les « Chemises vertes » arrivent au pouvoir sous la dictature militaire et antisémite de Ion Antonescu. Éliade est nommé attaché culturel du régime à Londres. Puis, de janvier 1941 jusqu'à la fin de la Seconde Guerre mondiale, il oeuvre à l'ambassade du Portugal, à Lisbonne. Il rédige en 1942 un livre à la gloire de « L'État chrétien et totalitaire » de Salazar. À l'automne 1945, il s'installe à Paris, aidé par Georges Dumézil, tenant d'une présupposée « idéologie indo-européenne ».

Éliade rédige son *Traité d'histoire des religions*, préfacé par Dumézil. En 1949 paraît *Le mythe de l'éternel retour* et en 1956, son ouvrage le plus célèbre, *Le sacré et le profane*. En 1959, l'Université de Chicago lui confie la chaire d'histoire des religions.

# I

# Un fruit dans une bulle éternelle

## Combattre avec des armes

Les animaux n'ont pas de langage articulé. Les chimpanzés en possèdent la capacité, mais pas de cordes vocales. Le langage est apparu chez nos ancêtres d'Afrique orientale il y a quelques centaines de milliers d'années. Un langage simple dont les balbutiements ont laissé des traces dans les langues modernes. Le son « ma » simule le bruit de succion à l'allaitement. Ce son désignera la mère nourricière aussi bien au Vietnam qu'en Angleterre. Pourquoi le langage s'est-il imposé aux êtres humains ? Ils étaient démunis en griffes, en mâchoire, en vitesse et en vigueur. Des changements climatiques brutaux avaient laissé de grandes plaines propices à chasser un gibier devenu soudain abondant. Une poursuite bien plus efficace à plusieurs, en encerclant les bêtes et en les attaquant par les flancs. Travailler et cohabiter en grand nombre exigera de pouvoir communiquer ses intentions, de préciser ses besoins, de déterminer des rôles et une hiérarchie, sans compter la nécessité de communiquer clairement notre irritation devant un comportement intolérable.

Les groupes parlant une langue pour communiquer obtinrent un net avantage, autant sur leurs concurrents que sur leurs proies et leurs prédateurs. Tous les humains nés depuis, aussi variés qu'ils semblent, sont issus de quelques centaines de *sapiens sapiens* africains. La lutte pour la survie se fera désormais entre eux. Leur nombre va varier entre cent mille et quelques millions, selon la rigueur du climat. Il y a douze à quatorze mille ans, la dernière déglaciation a permis à des groupes humains de migrer. De nouveaux territoires et un climat favorable à la chasse comme à l'agriculture feront exploser la population humaine. La conservation de nourriture et la création de villages permettront à certains de spécialiser leur travail. Les outils inventés feront évoluer l'art de vivre. Chaque culture comporte un ensemble de trouvailles conservées et transmises par la parole puis l'écriture. Avec le développement d'instruments, d'armes et de règles de comportements, une concurrence culturelle va s'installer dans l'espèce humaine. Le cours de l'Histoire va s'accélérer puis s'affoler, jusqu'au jour où deux bombes nucléaires nous rappelleront à l'ordre en août 1945.

## MÉMORISER L'APPRENTISSAGE : UN OUTIL ÉDUCATIF

Dès sa conception, tout enfant refait le parcours de la vie à partir de la première cellule fécondée. Le développement de l'être biologique sera en grande partie mécanique, même pour l'acquisition de la parole. Par contre, les connaissances s'accumulent. La civilisation devient un outil qui stimule et moule l'intelligence. Apparaît l'éducation des apprentis puis des enfants.

Sécurisé et rassasié à court terme, l'humain se mit à s'interroger sur le futur et à prédire les obstacles qu'ils devraient affronter, ne serait-ce que pour prévoir l'arrivée de l'hiver à l'aide d'un calendrier rudimentaire. Un avantage incomparable sur les animaux « préprogrammés ». L'échange de connaissances aidant, les humains découvrirent l'existence de phénomènes répétitifs dans la nature. De vieillir et de voir vieillir les siens, d'observer la succession des générations ainsi que la brièveté de la vie permit de saisir l'importance des cycles de vie.

Aptes à déduire et prédire, les humains comprirent qu'ils allaient mourir un jour. Il est remarquable que des rites funéraires soient présents dans *toutes* les cultures connues. Qu'est-ce que la mort ? Détruit-elle l'esprit avec le corps ? N'est-elle qu'une sorte de sommeil ?

Vivre avec la conscience de sa mort future demande une certaine maturité (Socrate) ou bien une certaine indifférence (un moine zen). Bref, apprivoiser la mort est le résultat d'une vie longue et prospère. Pour la très grande majorité des humains, la mort n'est demeurée que la source d'une peur irrationnelle. Devant la mort, certains se figent en cris de frayeur.

Autour des feux dans les cavernes, puis dans les campements, chacun écoute les récits « divins » avec trouble et espoir. De bouche à oreille, des parents aux enfants, d'un sorcier à un shaman, d'un sage à un philosophe, une histoire de l'univers s'est précisée peu à peu.

Catherine L., 29 septembre 2010

(…) le salon mortuaire qui te permet de voir le mort pour comprendre, saisir que la personne est décédée et ainsi tenter de passer à autre chose. Personnellement, ce rituel m'a permis de prendre conscience que ma grand-mère était morte.

## LE RÉCIT : UN OUTIL POUR VOIR AUTREMENT

Toute théorie est un outil pour l'esprit. La tête du marteau amplifie la force de mon poing en enfonçant le clou à sa place (voir Marx, livre 4). La géométrie me permet de connaître le périmètre d'un carré sans avoir à mesurer le pourtour. L'analyse statistique et psychologique des phénomènes sociaux permet de déduire qu'un meurtrier sera de la race de ses victimes. Une théorie désuète est remplacée par un autre, plus efficace.

En tant qu'outil, une théorie agit à la fois comme « paire de lunettes » pour les yeux et comme « filtre » qui sélectionne ce qui passe à travers eux. Expliquons. Nous portons des lunettes pour corriger une vision déficiente. Leurs lentilles améliorent notre vue en éloignant ou en rapprochant l'objet. Depuis douze ans, je portais des lunettes pour lire quand j'ai brisé une paire et oublié l'autre paire dans un restaurant. Deux jours sans mes lunettes m'ont révélé à quel point ma vue s'était détériorée. J'avais « perdu de vue » le travail par lequel les lentilles corrigeaient ma vision déficiente. Dans certains écrits, les lignes n'étaient plus pour moi que de minces fils flous.

En multipliant l'effet d'amplification de mes lentilles, j'obtiendrais un télescope ou un microscope. D'autres outils permettent à un phénomène de devenir visible. Un thermomètre permet de *voir* la température plutôt que de la *ressentir* sur la peau. C'est plus précis et sécuritaire. Il existe des lunettes infrarouges qui rendent visibles les différences de chaleur. Le principe vaut pour les autres sens. Un détecteur de mouvement avertit notre oreille. Quand nous substituons le nom d'une personne à celui de l'être aimé, ce *lapsus* fait comprendre au psychanalyste comme au partenaire que notre affection va à une autre personne (voir Freud, livre 4). Une théorie sélectionne les éléments importants dans un ensemble d'événements, de sensations ou de données ; ceux qu'elle magnifie et explique aisément. Illustrons d'un cas simple la « vision » que permet une théorie.

La première page d'un journal populaire parle d'un homme d'affaires qui s'est suicidé. Une photo montre la fenêtre par où le malheureux s'est jeté dans le vide. Une ligne pointillée indique la trajectoire de sa chute et un X montre le point d'impact. Le journaliste parlera vaguement de la crise économique et de ses effets néfastes sur le moral des gens. Il lancera quelques statistiques et citera un gourou de l'économie. Puis on passera à la suivante.

Toute explication « raisonnée » d'un suicide utilisera une théorie, une paire de lunettes placée devant notre regard naïf. En guise d'illustration voici, très brièvement exposés, trois « récits » du suicide de l'homme d'affaires. D'abord l'explication de l'éthologie, l'étude du comportement animal (Lorenz, livre 4).

Dans les montagnes, quand la végétation se raréfie, on assiste à un phénomène surprenant : de vieilles chèvres se jettent dans le vide, laissant la place aux autres. D'un point de vue darwinien, ce suicide est un acte « rationnel ». Les membres devenus superflus se sacrifient en période difficile pour que le troupeau puisse survivre.

Durant l'apprentissage de son autonomie, explique la psychanalyse, l'enfant doit apprendre à tenir compte de son entourage social quand il satisfait ses besoins. Un mécanisme de censure, le « surmoi », se forme. C'est une mémoire qui attache un fort sentiment d'aise ou de malaise à des actes honteux ou valorisés par la société. Un exemple. Dans la nuit, sur un chemin de campagne, visiblement seul devant un feu rouge impertinent, il vous est possible de passer outre l'interdiction. Le feriez-vous? Moi, assurément. Certaines personnes avouent être incapables d'ignorer un feu rouge. Un sentiment de culpabilité les envahit et les paralyse dès le geste envisagé. Dans ce genre de situation, leur morale est nettement plus contraignante que la mienne. L'individu qui se suicide après un échec devenu public a souffert du contrecoup d'une morale trop sévère. Un père fier et ambitieux pour son fils peut rendre l'enfant obsédé par sa réussite. La honte associée au constat d'échec est devenue insupportable et l'homme a exécuté un « meurtre de soi » pour se soulager.

Ironique et hors « sujet » serait l'analyse d'un physicien. La théorie de Newton affirme que tout corps chute verticalement en ligne droite avec une accélération de 9,8 mètres par seconde. À cause de la résistance de l'air, le corps agit comme une voile et une limite est atteinte en quelques secondes. Cette vitesse maximale est telle que l'impact au sol détruit irrémédiablement les structures vitales de l'organisme, d'où la mort.

La concurrence territoriale, la psychanalyse de la honte et la mécanique de la chute des corps ont des intérêts fort différents. Différentes sont les données que chaque théorie recueille pour justifier son interprétation de la « réalité » en jeu dans le suicide de l'homme d'affaires.

## MÉTHODE : LA SIMPLICITÉ VOLONTAIRE

C'est en ayant à l'esprit qu'une vision du sacré était en construction chez les premiers humains que nous chercherons les matériaux utiles à déduire cette vision. Une formulation en particulier nous mènera à l'univers imaginé par Aristote et mécanisé par Claude Ptolémée. Il faudra nous servir de nos facultés d'observation et de raisonnement *sans nous servir de réponses apprises à l'école ou entendues de la bouche d'un expert.* Ainsi nous construirons un plaidoyer « primitif ». Pour y parvenir, nous devrons revoir et revivre avec des yeux neufs certains phénomènes et observations du quotidien. Même sans expertises scientifiques et sans mémoires (livre, photo, film, etc.), notre intelligence demeurera mieux équipée que celle de nos ancêtres pour parvenir aux mêmes déductions. Connaissant déjà l'histoire de nos ancêtres, nous évoluerons à toute vitesse.

Pour répondre à la question « où suis-je ? », reformulée à l'ancienne « où sommes-nous ? », nous construirons notre raisonnement en regardant avec les yeux naïfs et le manque de connaissances des êtres primitifs. Un proverbe dit que pour comprendre les pensées et les décisions d'un homme, il faut marcher dans ses souliers ; une condition essentielle à la création d'une histoire plausible. Quelques rappels.

Nous devrons nous priver de nombreux objets utiles. Dans une société primitive, on ne trouve ni manuels scolaires, ni instruments de mesure, ni expertises rationnelles, scientifiques ou autre. Ni livres, ni photographies, ni vidéos ou autres formes de « mémoire morte ». Seulement les souvenirs de ceux qui sont (encore) vivants. Aucun ensemble élaboré de lois. Pas d'individualité revendiquée, pas de « je » ou de « moi ». Seul, un primitif ne peut survivre et, en groupe, rien ne le distingue des autres.

Une précision. Le citoyen d'Athènes en Grèce, de Rome en Italie ou d'Alexandrie en Égypte n'était plus un primitif dans presque tous les aspects de sa vie. L'homme de l'Antiquité est demeuré « animiste » au sens précis et premier où, pour lui, tout corps « vivant » nécessite l'action d'une « âme ». De plus, il vit dans un monde fermé, centré sur l'homme, et non dans l'espace infiniment inhumain des astrophysiciens.

## QU'EST-CE QU'ÊTRE VIVANT ?

Comment deviner si quelqu'un dort, est évanoui, repose dans un coma ou est mort ? Prendre son pouls ou vérifier si le cœur bat suppose d'avoir inventé la pompe et d'avoir découvert la circulation du sang. Nous pourrions prendre sa température. Ou encore piquer l'individu pour voir s'il réagit, technique courante après une exécution de masse pour savoir si quelqu'un feint d'être mort. Ce qui rend d'autant plus remarquable le contrôle de soi qu'un jeune Juif afficha durant la Seconde Guerre, « faisant le mort » alors qu'un soldat lui arrachait une molaire en or. Nous pourrions mettre un bout de miroir ou de vitre sous le nez de l'individu et observer la formation de buée s'il est vivant. Des expressions françaises formulent la mort ainsi : « refroidir quelqu'un », « expirer » ou « rendre son dernier souffle ». Par ailleurs, celui qui se purifie « aspire » à quelque chose. On dit aussi de quelqu'un qu'il est « l'âme du projet ». Il y a donc le corps, la « viande », le *carne* d'une part et, d'autre part, un souffle chaud qui fait bouger, qui anime, l'âme dans sa formulation la plus primitive. Mourir, c'est « rendre l'âme », dira Socrate.

Les chats ont-ils une âme ? Notre test conclurait que oui. Les insectes ? Au moins bougent-ils. Les arbres ? Ils croissent. Georges Bataille remarquait que si j'admets exister « au-dedans », je dois l'admettre des autres, même d'un chien ou d'un insecte. Il n'existe aucun seuil apparent d'où naîtrait l'existence « au-dedans ».

Tout ce qui bouge n'est pas vivant pour autant. Croire à un esprit des vents relève d'un animisme « primitif ». Dans sa vision « universitaire », Aristote parlera d'une âme végétale pour la nutrition et la croissance, d'une âme animale pour la motricité et la sensation, et d'une âme humaine pour la représentation et le raisonnement. Quant à savoir si les animaux communiquent entre eux, j'aime rappeler la boutade d'un sophiste :

— Si les chevaux parlent, me demandes-tu? Il me bien semble que oui, je les entends parler. Ce qu'ils racontent? Comment le saurais-je? Je parle le grec, pas le cheval.

Une forêt, voire la nature entière, pourrait être vivante. Ce n'est ni la campagne gazonnée ni un parc national protégé. Il n'existe pas un monde humain et une nature « sauvage ». L'humain habite dans la nature, au même titre que toute autre espèce vivante. Nous sommes loin des centres urbains asphaltés, conventionnés et aseptisés. Par contre, le seul véritable être « humain » est celui protégé par les dieux, celui qui pratique les rituels et vit selon les coutumes. Les cultures se feront compétition même au sujet de la mort. Pour les Européens débarquant en Amérique, les autochtones n'étaient pas de véritables êtres humains.

Toute trouvaille apporte son lot de questions. Certaines nous laissent passablement démunis d'observations utiles pour y répondre. D'où vient l'âme? Est-elle faite de matière? Comment être assuré que l'âme ne périt pas comme le corps? La question sera posée à Socrate sur son lit de mort. Comment trouver sa place dans une nature vivante? Quel animal manger? Peut-on manger son âme? Verser son sang?

## QU'EST-CE QUE LE CIEL?

Quand je pointe du doigt à quelqu'un la planète Jupiter dans la nuit étoilée, j'ai à l'esprit une immense boule orangée, environ cent cinquante fois plus volumineuse que la Terre. Loin de moi l'idée de référer au « Dieu le Père » des Romains. Quand Galilée topographie les montagnes d'une Lune faite de matière, c'est grâce aux lentilles polies d'un téléscope, un instrument sophistiqué. Les « lunes » de Jupiter que décrit Galilée constituent une observation révolutionnaire. L'astronome antique ne connaît ni ne conçoit de « lune » attachée à une planète. Notre Lune est l'un des deux luminaires. D'ailleurs, pour nos ancêtres, la Terre n'était pas une « planète » au sens ancien de ce terme, soit une lumière « vagabonde ». C'est en déduisant que les planètes étaient constituées de terre que nous avons compris habiter sur une planète, au sens moderne du terme (voir la révolution copernicienne, livre 3).

Le Ciel de nos ancêtres se situe bien plus loin que la cime des plus hautes montagnes. Qu'observe-t-on en levant la tête ? Le jour, un Soleil aveuglant. Parfois Vénus ou la Lune près de l'horizon, à l'aube où au crépuscule. Que voit-on la nuit ? Essentiellement des milliers de lumières qui scintillent. De quel matériau sont constituées ces étoiles ? D'aucun, forcément. Tout objet pesant tomberait aussitôt sur Terre.

La lumière produite par une source terrestre n'existe qu'en de rares occasions, associées au feu, à la foudre, à l'éclair et à d'autres phénomènes tout aussi éphémères. Les étoiles qui scintillent la nuit sont donc faites d'une lumière « pure », c'est-à-dire non entachée de matière, qui brille éternellement. Ce que nos ancêtres ont induit après plusieurs siècles d'observation.

Les étoiles semblent toutes placées à la même distance de nous. Si certaines sont plus lumineuses, cela tiendrait à leur vivacité plutôt qu'à leur proximité. Elles bougent en bloc, faisant en une année le tour de la Terre, conclusion tirée du passage annuel au zénith des mêmes figures célestes. Ce ciel visible chaque nuit n'est qu'une portion de la sphère piquée de milliers d'étoiles qui nous entoure. Les figures imaginées il y a plus de 4 000 ans s'observent encore aujourd'hui.

Dans des milliards d'années, presque toutes les étoiles que je vois le soir n'existeront plus. J'en suis certain. Une déduction basée sur nos connaissances modernes du mécanisme de combustion d'un soleil. Inutile d'ailleurs d'attendre un milliard d'années pour vérifier. Par contre, s'il nous fallait attendre ne serait-ce que 1 000 ans pour assurer notre conclusion, nous trouverions ce délai très long avant de conclure que le ciel est immuable.

## La romance des faits observés

La « sphère étoilée » est apparue à l'œil humain comme ayant un mouvement de rotation régulier infatigable, le fameux « mouvement perpétuel ». Le ciel étoilé est régulier et son mouvement parfaitement prévisible. Les lumières étoilées n'évoluent pas et ne montrent aucun changement.

Dans le volume à l'intérieur de la sphère circulent la Lune, le Soleil et cinq « planètes » d'un mouvement irrégulier. Ces astres ont été inlassablement identifiés à diverses divinités selon les lieux et les époques. Grecs comme Romains y ont logé leur panthéon. Les dieux proviennent « d'en haut ».

La racine *dy* vient du sanskrit (langue indienne formée au 2ᵉ millénaire av.). Elle nous parle indifféremment du ciel, du divin ou de la lumière, comme dans « diurne » ou « dieu », un tout dans un vocabulaire limité. Le *dyaus pitar* sanskrit dit « dieu père ». *Dyaus* vient de la même souche que *deva*, « être de lumière ». Maître de l'Olympe, *Zeus* se prononcerait « dzeus » ou « dzieus », notre « dieu ». Jupiter est *iu pater*, *deus pater*, notre « dieu le père ».

Le jour de la Lune est le lundi (*monday*, *moon day*). Chez les catholiques, le « dimanche » est le *dies dominicus* latin, le « jour » du « Seigneur », premier jour de la semaine. Pour les protestants, la semaine débute le lundi. *Sunday* devient le second jour du *weekend*. Ces deux jours correspondent à un compromis pour les anglicans, qui restent chrétiens dans l'âme, mais revendiquent le Sabbat comme signe de la première Alliance. Certains jours sont associés à la mythologie saxonne (*Thursday*, *Thor's day*). (Un gros merci à ma voisine de bureau, Karine Damarsing, pour ces précisions.)

## Où sommes-nous ?

Sent-on la Terre bouger sous nos pieds ? Bien sûr que non. La simple rotation de notre globe sur lui-même suppose une vitesse de rotation de l'ordre de 1 600 km/h. C'est-à-dire ? Illustrons. En partant de Montréal vers 2 heures du matin pour ne pas être gêné à la frontière américaine et arriver à New York avant l'achalandage matinal, je peux faire le trajet depuis Montréal en 6 heures 30 en roulant entre 110 et 120 km/h. À la vitesse à laquelle nous tournons avec la Terre dans sa rotation sur elle-même, vous feriez le trajet entre Montréal et New York en 3 minutes !

Imaginez la vitesse du bolide Terre durant sa course elliptique autour du Soleil. Un trajet de plusieurs centaines de millions de kilomètres à parcourir en une année. À cette vitesse, il serait normal de sentir notre déplacement. D'ailleurs, les vents engendrés devraient être apocalyptiques. *Nos ancêtres n'ont rien observé de tel.* Aussi ont-ils conclu être au centre de l'univers qui constituait *le seul lieu matériel* dans l'univers.


## DONC...

Si tout tourne autour de nous et que les étoiles sont toutes à la même distance, alors l'univers a la forme d'une sphère, dont la surface opaque est piquée d'une myriade d'étoiles. Au cœur de ce volume gigantesque se trouve le monde terrestre : instable, imprévisible, corruptible et sans lumière. Où tout élan de vie, comme toute lumière, doit s'incorporer à une « matière morte » nécessaire pour exister. Un monde où tout change, tout meurt et où tout est toujours à refaire.

Si le monde céleste composé de lumières éternelles est radicalement différent du monde terrestre fait d'objets matériels périssables, il demeure que les deux régions communiquent. Les âmes des vivants en sont la preuve. Elles animent la matière en s'y incarnant. Si les âmes sont constituées d'une nature céleste, elles devraient être immortelles.

De nouvelles questions surgissent. Pourquoi l'âme accomplit-elle un séjour au cœur d'un monde matériel ? Si l'âme se conçoit seule, peut-elle voyager hors d'un corps, une fois incarnée ? Une âme étrangère peut-elle entrer en moi et provoquer une pensée ou une intuition ? Si certains rêves sont bizarres, est-ce la cause de l'étrangeté du message ? La pensée d'un corbeau ou d'une forêt peut avoir certaines difficultés à se traduire en images en moi.

Concluons. Où sommes-nous ? Nous vivons à la surface d'une Terre centrale, où toute forme est instable et temporaire. La Terre est enrobée à grande distance d'une sphère invisible, éternelle et en perpétuel mouvement de rotation. Entre la voûte étoilée, loin au-dessus de nos têtes, et notre Terre, il existe un espace céleste intermédiaire où circulent deux luminaires (Soleil et Lune) et cinq planètes. Plus près du monde terrestre, le déplacement de ces lumières est difficile à prédire. Entre ciel et terre, la Lune, synchronisée aux cycles menstruels, permet aux âmes le passage vers le monde « sublunaire », là où se vit « la condition humaine ».

Il s'agit d'une conception singulière et fort rationnelle de l'univers. C'est celle d'Aristote (voir l'épilogue) et Ptolémée (voir l'introduction du livre 3), d'un philosophe et d'un astronome, des villes d'Athènes et Alexandrie, une vision gréco-égyptienne. D'autres versions d'un monde sacré ont vu le jour. Elles comportent le plus souvent une scission radicale entre deux mondes, celui d'ici et une autre.

# II

## MYTHES ET RITUELS : L'ORIGINE DES HISTOIRES

### UN MONDE BLANC ET NOIR

Comme dans les univers fictifs à la *Star Wars*, où Bien et Mal s'opposent sans compromis, le céleste et le terrestre forment un « antagonisme », soit un ensemble d'oppositions. Au monde régulier de la lumière et des idées claires, « en haut », correspond « en bas » un monde périssable aux idées obscures. À la légèreté du céleste s'oppose la lourdeur de la matière. Au pouvoir de création des Dieux, se soumet en les imitant l'ingéniosité humaine. Au mâle rationnel qui féconde et domine s'accouple la femme émotive, dominée et fécondée. Nous sommes loin du droit de vote aux femmes. Plus loin encore du contexte social, politique et économique qui permit ce gain au « second sexe ».

L'opposition sexiste rend compte du choc vécu par le mâle, obligé de s'aventurer « dehors » et s'exposer aux dangers. La vie primitive peut être brutale. Plus de muscles et moins de gras chez l'homme ont eu pour conséquence une endurance moindre à long terme. Être forcé d'analyser la situation en écartant ses émotions et ses peurs, tout en étant moins tolérant à la douleur, fera du mâle un « fouilleur craintif » qui sait retrouver son chemin.

Quand un prince rencontre une bergère, un fécondant-dominant-rationnel rencontre une fécondée-dominée-émotive. Et si un berger rencontre une princesse, le statut social du soupirant fait problème dans le récit.

Mentionnons aussi l'opposition entre la dextre (« droite » en latin, d'où vient « adroit » en français) et la senestre (« gauche » en latin, d'où vient « sinistre » en français). Ainsi va un monde en dualité. Quand l'un affiche blanc, l'autre montre noir. (C'est en essence l'illumination du commandant Kurt dans le film étasunien *Apocalypse Now* de Francis Ford Coppola (1979). Quand l'ancien haut gradé tente d'expliquer le fondement de son action terroriste, il se rapporte à un événement qui l'a illuminé. Chacun est pour un camp, sinon pour l'autre. Personne n'est neutre. C'est ça, faire la guerre.)

En tant que porte-parole, le « prêtre » est l'intermédiaire entre son peuple et le sacré. C'est lui qui demande l'aide du Ciel pour les siens. Il nous rassure au sujet des caprices du monde terrestre en invoquant la « garantie d'ordre » imposée par la « Cour suprême », la volonté divine qui a créé ou est responsable de la condition humaine. Si la réalité et la norme sont synonymes d'attendu et de prévisible, alors la « forme » divine sera pour le primitif la réalité par excellence. Plus les cultures évolueront, plus les mythes se raffineront. Voici un exemple fictif simple pour illustrer la notion de « forme ».

Dans le récit de la création de la vie humaine chez un peuple qui cultive les céréales et utilise une meule — une lourde pierre qui brise les grains en tournant — il serait dit que : *un homme passe par trois âges. Il est d'abord l'enfant de ses parents, puis le père de ses enfants puis le grand-père des enfants de ses enfants. La lignée assurée, son labeur est terminé, l'âme de l'homme s'en retourne auprès des dieux. Son séjour auprès des Dieux constitue sa récompense pour avoir mis la main à « la roue de la vie ».*

Cette explication constitue un « mythe » parce qu'elle raconte l'origine et le déroulement normal de la condition mortelle de l'humain. Un shaman pourrait réciter ce mythe pour aider un homme ou une femme à guérir d'un mal étrange. En énumérant les trois âges durant le rituel, le sorcier exigerait la guérison du malade afin de respecter la « réalité », la forme normale de la vie : d'abord être un enfant, puis un père, puis un grand-père. Si les enfants du malade sont en bas âge, donc sans enfants, l'homme ne devrait pas mourir tout de suite puisque son travail n'est pas terminé.

Ciel et Terre s'opposent aussi socialement. Quand un physicien compare la Lune à une pomme, il utilise un savoir acquis sur terre, soit la physique mécanique, pour le projeter dans le ciel, créant la science de l'astrophysique. Si l'Église de Rome s'oppose à Galilée, c'est que son activité met les prêtres au chômage. Les rôles du prêtre et de l'astrophysicien sont antagonistes. Du moins à première vue.

## L'ADN DIVIN

*Un mythe décrit la manière vraie d'exister.* Il est donc fondamental à l'évolution de toute société. Il justifie l'application de conventions, des comportements forcés entre les humains. Un exemple. Si quelqu'un demande pourquoi nous allons spontanément à droite quand nous rencontrons quelqu'un en sens inverse, nous répondrons qu'environ 90 % des gens naissent droitiers. Leur réflexe s'est imposé aux autres qui, sinon, provoquaient trop souvent un face-à-face irritant.

Par contre, la raison qui justifie le droit de vote accordé à chacun est plus subtile. L'usage de ce droit résulte d'une longue évolution sociale difficile à retracer. En l'absence de « mémoires », calendrier et autres repères temporels ; en l'absence même d'un langage adéquat ; pour transmettre les conventions, l'explication primitive va invoquer un mythe fondateur. Ce récit va raconter comment s'est imposée « la loi de l'exemple », selon les actions et les volontés des Dieux.

Une « forme » céleste s'est manifestée une première fois. Elle seule importe. Une publicité tablait sur ce sentiment en affirmant : « Il n'existe pas de seconde première fois. » Par analogie, je dirais que si mon code génétique ne peut prédire qui je serai à vingt ans, il définit mes limites d'espèce, ma « forme générale ». D'une manière similaire, en nous plaçant dans le contexte de vie et l'esprit de nos lointains ancêtres, nous dirons que l'histoire qui raconte au début du temps (sinon dans un passé lointain) l'apparition d'une condition d'existence, que ce soit une règle sociale, une manière de faire ou de pensée, ou une forme de vie ou de conflit, ce récit sera bien plus qu'une simple « légende » pour qui habite un monde sacré. Chez les Grecs, c'est le modèle exemplaire et originel préservé dans un mythe (*muthos*). Du moins était-ce ainsi avant l'apparition des philosophes.

## LE RAPPEL D'UN ORDRE

La « chose divine » possède la capacité de créer. Des mythes révèlent comment les agissements des forces surnaturelles (divines, créatrices, célestes) ont fait apparaître, ont organisé ou ont obligé le cours de la vie sur terre, que ce soit par une intervention ou en offrant un modèle exemplaire.

Comment les humains ont-ils appris les mythes? Un héros humain peut avoir aidé les dieux ou avoir reçu ce savoir en révélation. Plusieurs explications sont possibles et peuvent être le sujet d'un mythe. L'imitation des actes du récit dans un rituel approprié devrait réactiver ou raviver le pouvoir surnaturel grâce à la « mise en scène » du rituel (le théâtre du sacré). Lors d'un rituel sacré, il ne s'agit pas simplement de commémorer un événement, la Seconde Guerre mondiale au 20ᵉ siècle par exemple. Il s'agit de « faire vivre à nouveau » la volonté divine qui a déjà agi. À part certains fanatiques ou adeptes du « social extrême », qui souhaiterait faire un rituel pour « rappeler » la Seconde Guerre mondiale?

L'histoire racontée peut être symbolique, naïve même, mais le déroulement des événements répond toujours à une inquiétude existentielle. Durant des millénaires, le maniement de la poterie, le tannage des peaux, le défrichement des terres et la confection d'arcs furent les signes d'une évolution sociale. Pourtant, un gouffre sépare le primitif possédant ces techniques de l'astronaute nous saluant depuis l'espace (avec un nez de clown!). Durant des milliers d'années, l'espoir nécessaire à poursuivre sa vie fut nourri par des mythes. Le rappel périodique de cette « assurance » est à considérer positivement (et non comme un simple « effet placebo » sur lequel nous reviendrons plus loin).

Rappelons que la connaissance de l'environnement du primitif n'égale pas celle d'un adolescent d'aujourd'hui. Et cet enfant a un père, une société et une technologie pour le protéger et le réconforter. L'être ancien devait se fier à une poignée des siens et vivre d'une connaissance rudimentaire des quelques kilomètres autour de chez lui. Entendre le récit d'un mythe montrait qu'il existait des réponses aux questions existentielles qui toujours ont hanté notre conscience de vivre. C'était déjà beaucoup pour nos lointains ancêtres.

Société et pensée collective vont de pair. Les mythes furent les premières mémoires porteuses d'une normalisation globale des comportements. Le mythe est donc un outil puissant pour motiver un peuple. De quoi ont l'air nos rêves modernes en mythes, reformulés « à l'ancienne » ?

Nous montrons à la déesse Démocratie une foi aussi aveugle qu'indéfectible en allant voter. Pourtant le poids de la masse des travailleurs ordinaires ne peut rivaliser avec le pouvoir économique de certains individus. Nous sacrifions temps et argent pour alimenter des centres de recherches afin de reproduire l'acte créateur des cellules souches ou de perfectionner la greffe d'organes préformés en surplus. Et nous n'avons pas parlé d'écologie, de technologie ou d'économie.

Ces rêves font que nous serions prêts à tout saccager si on nous enlevait le droit de choisir alors que nous votons le plus souvent par simple inclination à la rumeur. Ces rêves font de l'industrie de la santé l'activité sociale la plus coûteuse et la plus prospère. Ces rêves font...

## Un passé « mis à jour »

Pour comprendre l'importance de pratiquer régulièrement des rituels, il faut oublier notre ardent désir « d'aller de l'avant ». Pour qui vit dans un monde de cycles, l'important est de recommencer toujours de la même façon, la bonne, celle qui a subi l'épreuve du temps. Si les sociétés traditionnelles sont réfractaires au changement, c'est que les initiatives nouvelles ne comportent aucune assurance de succès. Penser aux premières versions de divers objets techniques et aux problèmes rencontrés par les usagers. Les guides du consommateur au 20ᵉ siècle suggéraient de ne jamais acquérir une nouvelle marque d'automobile avant qu'elle ait passé le test du temps.

Un rituel précédant la culture des rizières consiste à réciter l'histoire de l'apparition du riz et de sa culture par les humains. Le « prêtre » va rappeler à chacun que le riz fut créé ferme et vigoureux par les dieux. Le rappel du mythe oblige le riz cultivé à se montrer vigoureux, comme il doit l'être en réalité. La cérémonie ne dicte pas le comportement du riz, elle rappelle (invoque) la norme établie par la volonté divine qui permit son existence.

Replaçons-nous dans un contexte de vie pré-industriel. Un monde d'habitudes où les divertissements sont rares et le travail quotidien. Assister à la prestation du prêtre lors d'un rituel devient un événement extraordinaire. L'attention dont jouit le prêtre assure la propagation de son modèle. On peut inclure dans un rituel des recommandations pratiques et « un art de faire » développés par l'utilisation de la manière du mythe. À titre illustratif, le prêtre pourrait marcher en récitant le mythe et en traçant la surface normale du terrain de culture dont devrait s'occuper un adulte. La manière de tenir la pousse ou la graine, et de la placer en terre, les outils utilisés, tous ces savoirs constituent un enseignement de la manière correcte de cultiver. L'agriculteur attentif aux procédures s'attendra à obtenir un riz sain et nourrissant. C'est d'ailleurs ce qui *devrait* se produire le plus souvent. Voilà qui est rassurant pour un cultivateur démuni de connaissances scientifiques, de méthode expérimentale et d'écriture.

Autre illustration. Pour améliorer le succès d'une chasse aux poissons, des indigènes fabriquent leur arme en lui donnant la forme d'un prédateur de ce gibier. Il s'agit d'une massue avec laquelle ils frappent l'eau pour assommer le poisson. (Un cas de pensée magique. La capacité à chasser de l'animal est transférée à la massue par l'image sculptée.) Similaire serait le récit de la création du renard, disons, raconté à de jeunes chasseurs. De connaître le mythe de la création du renard agira en « visa de travail », assurant leur droit à tuer. L'Histoire explique pourquoi le chasseur a le droit de tuer les renards ou comment pense un renard. Des observations locales peuvent enrichir le récit. Pourquoi faut-il faire face au vent ? Où se terre le renard ? Ces récits comportent des réponses essentielles sur les habitudes, le comportement ou la psychologie de l'animal. Ils facilitent le travail des novices.

On trouve dans l'aventure de Nina (la BD) un parallèle entre un récit mythique et un rituel de recherche de territoire pratiqué par la tribu. Établissons ce parallèle :

| Événements mythiques | Rituel de recherche |
|---|---|
| Les dieux chassent les hommes | Annonce du départ par Oury |
| Trois chasseurs sont sélectionnés | Trois jeunes hommes partent avec Oury |
| Le Dieu des terres enseigne comment trouver un territoire de chasse | Oury et Muguet initient les jeunes adultes choisis |
| Quatre gazelles sont pourchassées | Quatre jeunes femmes s'isolent avec Muguet |
| Le quatrième jour, les guerriers reçoivent l'aide d'un esprit animal | Chaque jeune homme possède soit une queue de renard, une patte de lapin ou un casque fait de plumes d'aigle |
| La quatrième bête est trouvée… abattue et brûlée | Nina plante la flèche… une bête est abattue et sacrifiée |

La procédure rituelle accomplie, la tribu a obtenu un terrain de chasse. Une jeune femme a pu s'y rendre et une bête a pu y être tuée facilement, voilà des signes encourageants. Ce territoire ne possède toutefois pas des « richesses infinies », il faudra en trouver un autre, une fois ses ressources épuisées.

## Cinéma versus théâtre

En 1972, un avion de ligne transportant une équipe de joueurs de rugby uruguayens s'écrasa dans les Andes. Le mauvais temps et la hauteur ralentirent les recherches, qui furent plus tard abandonnées. Sur les 45 personnes à bord, 29 périrent. Les survivants durent tenir 72 jours, avant que des secours ne viennent, deux des leurs ayant décidé de marcher une dizaine de journées pour trouver de l'aide. Durant ce temps, les survivants durent se résigner à manger une partie des morts congelés. Un roman et un film ont été réalisés à partir de cet événement. L'écrivain et le réalisateur du film pouvaient imaginer à loisir les événements, rien ne pouvait entraver leur imagination. En ce sens, ils étaient aussi puissants que les dieux dans un récit mythique. Quiconque voudrait produire une pièce de théâtre sur le sujet devrait utiliser des artifices de décors pour « rappeler » l'événement. Il ne serait pas question de faire s'écraser un avion sur scène ! Plus le décor serait respectueux de l'esprit du roman ou du film, plus les spectateurs seraient « pris » par l'action et retrouveraient l'esprit du récit. En ce sens, le rituel entretient avec le mythe un rapport similaire à celui d'une pièce de théâtre avec un roman ou un film.

## Divers rituels pratiques

Divers rituels sont pratiqués dans la vie courante chez tous les peuples. Des rituels associés à la naissance et à la guérison, à des changements de vie biologique ou sociale (rite de passage), ou encore plus usuels, des rituels de soumission/communication. Les cérémonies fréquentes ne nécessitent plus le rappel d'un mythe élaboré, mais ces manières ritualisées font partie des conventions essentielles à chaque culture.

En principe, *toute naissance et tout changement sont la répétition d'une première naissance* et *la santé est l'état normal d'un enfant naissant.* Guérir exige donc un retour à l'état normal. Quand Nina se cache et n'apparaît à son peuple qu'une fois la bête sacrifiée, c'est à titre de candidate sage-femme. Son avantage confirmé est de savoir « accoucher » d'un territoire. Une mise en scène similaire de la naissance me semble être le confessionnal des églises catholiques. Il s'agit d'un endroit sombre et clos où l'on s'enferme pour avouer ses péchés. Le fidèle ressort du confessionnal « lavé de ses péchés ». La technique de ressourcement des bains flottants est à cet égard exemplaire. Il s'agit d'une cabine hermétique horizontale contenant de l'eau salée où le sujet se couche. L'usager flotte dans l'obscurité et le silence. Un environnement qui rappelle le ventre maternel et est censé ressourcer l'individu.

*Après que les jeunes femmes eurent été initiées par Muguet, elles reposèrent dans des cylindres faits d'écorce de bois* (utérus) *pour en ressortir* (naître) *adultes au matin.* Un théâtre utérin du changement

d'état est appliqué abondamment dans les rites de passage. Moins théâtrale est la retraite faite dans un endroit isolé, un monastère, par exemple. Les gens y séjournent pour échapper au brouhaha du quotidien et se donner la possibilité de « faire le point ». Une mise entre parenthèses de la routine accaparante.

Certaines cures de désintoxication appliquent un programme similaire de destruction de la personnalité dysfonctionnelle du patient afin de la reconstruire. Habitudes, maquillage, bijoux, habillement, coiffure et autres accessoires sont éliminés. Les tâches quotidiennes et les manières de faire sont reprises à la base.

Plus connues sont les initiations rituelles collégiale, sportive, sectaire, maritale ou militaire. Ces initiations visent d'abord à ridiculiser et soumettre le novice pour le débarrasser de son statut ancien. Une fois réduit à rien, le candidat repart à neuf et est accueilli à bras ouverts par ses collègues. Un rituel de passage agit comme nouvelle naissance. (C'est le principe du *Christian Reborn* qui lava Georges W. Bush de son passé.)

 Un cas coquet de manque de communication est survenu lors d'un dîner officiel en 1847. Des dignitaires chinois recevaient une délégation anglaise, l'objectif étant d'amorcer un processus de paix durable entre les deux peuples. Durant le repas, les Britanniques se faisaient un devoir de vider leur assiette pour manifester leur satisfaction. Mais aussitôt l'assiette vide, un nouveau plat apparaissait ! Le manège dura tant que les invités s'entêtèrent à avaler.

Les Chinois ne cherchaient qu'à être hospitaliers. Dès qu'un des invités laissa un peu de nourriture dans son assiette, leurs hôtes cessèrent de l'alimenter, concluant qu'il avait mangé à sa faim ; la preuve en étant le plat non terminé. Vider son assiette est interprété différemment chez un peuple riche que chez un peuple pauvre. Les Anglais vidaient leur assiette pour montrer qu'ils appréciaient. Chaque culture interprétait le geste de l'autre culture à l'envers. Autour d'un dîner, le malentendu peut être cocasse, dans d'autres situations, il peut s'avérer tragique.

La seconde histoire remonte à la fin de mon adolescence. Il s'agit d'un rituel de soumission mal compris. Je reformule. Imaginez un polancophone qui a passé toute sa vie dans la région de Montréal depuis les années 1940. Un monde quasi exclusivement « blanc », franco-anglo-italo-juif (en ordre quantitatif). Au début des années 70, la guerre au Vietnam et les révolutions en Haïti ont amené à Montréal de nombreux réfugiés de ces anciennes colonies françaises. Les premières vagues étant constituées surtout de familles riches (Vietnam) ou d'activistes politiques (Haïti). Voilà le contexte.

 La photo d'un Jamaïcain apparaît dans les postes de police. Un dangereux tueur, traqué aux USA, se cacherait à Montréal. Notre policier croit apercevoir l'individu au volant d'une Renaud V. Le patrouilleur envoie un appel puis se lance et bloque le véhicule du suspect. Le policier se rue vers le conducteur, sort son arme et lance le (devenu fameux) « freeze ». Le suspect se penche du côté passager et allonge le bras. Le policier tire. Le lendemain, la « une » des journaux parle de brutalité policière, de préjugé et de racisme. La communauté haïtienne est en colère. Un des leurs a été injustement abattu.

Un Jamaïcain de l'époque de Bob Marley ne conduit pas une petite automobile économique fabriquée en France. Par ailleurs, un Haïtien francophone d'alors ne connaît pas forcément le terme anglais « freeze ». Mais il y a plus encore. Réfugiée politique, la victime a instinctivement tendu la main vers son passeport. On y voit sa photo et son nom. Lui sait qu'il y a forcément erreur sur la personne. Pourquoi ne pas avoir respecté l'ordre du policier ? Parce qu'en Haïti, les policiers font partie des « mauvais », il ne faut jamais se retrouver seul avec eux. L'homme voulait s'identifier devant la foule. Un réflexe de survie.

Qui explique aux immigrants fraîchement arrivés quels sont les rituels et les mythes d'ici ?

## EXORCISER LE « MAL »

**Claude Lévi-Strauss (1908 — 2009)**

Issu d'une famille intellectuelle et artistique juive française de Strasbourg, Il naît à Bruxelles. Peintre portraitiste, son père est ruiné par l'arrivée de la photographie. Lévi-Strauss poursuit des études à la Faculté de droit de Paris, où il obtient sa licence avant d'entrer à la Sorbonne. Reçu troisième à l'agrégation de philosophie en 1931, on lui propose après deux années d'enseignement de devenir professeur de sociologie à São Paulo. De 1935 à 1939, il organise et dirige plusieurs missions ethnographiques dans le Mato Grosso et en Amazonie. C'est l'occasion de réunir les premiers matériaux pour sa thèse, *Les Structures élémentaires de la parenté*, qu'il soutiendra en 1949. De retour en France, il est mobilisé en 1939, mais révoqué en 1940 en raison des lois raciales de Vichy. Réfugie à New York en 1941, il y fait la rencontre déterminante de Roman Jakobson.

En 1949, dans un article intitulé *L'efficacité symbolique*, Lévi-Strauss établit un parallèle entre un rituel shamanique qu'il a observé et une cure psychanalytique. Nous vous proposons une version *fast food* (ou *Reader's Digest)* de ce parallèle. D'abord le mythe freudien.

Durant la prime enfance, nous végétons dans l'insouciance. Brailler fera apparaître nos « dieux parents » qui, grâce à leurs pouvoirs incommensurables, peuvent éliminer tout irritant. Dans les premières années de notre vie, notre insouciance est telle que les hypothétiques souvenirs que nous en posséderions seraient enterrés dans l'inconscience de vivre.

Hélas ! Il faut un jour se mettre à travailler et répondre soi-même à nos besoins. C'est obligé, nous expliquera-t-on quand nous serons en voie de devenir adultes. Pour y parvenir, nous devons assimiler le fonctionnement d'un monde sérieux et indifférent à nos complaintes, la « réalité ». Une éducation lente, faite de « sevrages ». Les parents cessent progressivement de fournir leur aide et, à la place, montrent à l'enfant comment se débrouiller seul. Assistant à la destruction de son « paradis », l'enfant peut rejeter comme irritant l'apprentissage de son autonomie. Il subira en conséquence la pression d'une pulsion non satisfaite. Un exemple.

L'enfant refuse d'utiliser une cuillère pour manger son pouding. Le parent insiste. En colère, le bambin la lance au loin. Mais sans cuillère en main, son dessert lui est retiré. L'enfant finit par comprendre son intérêt à conserver l'ustensile. Il finit même par oublier que c'était un irritant. Grâce aux sevrages, un « moi » se forme peu à peu. Il devient une conscience intermédiaire entre les pulsions et les besoins à satisfaire qu'il ressent d'un côté, et les solutions disponibles de l'autre.

Durant sa formation, l'enfant peut être terrorisé par une expérience brutale, totalement irrationnelle à ses yeux. L'atteinte sexuelle est un cas fréquent. Le traumatisme créé force l'enfant à rejeter dans l'inconscient la réalité traumatisante. Se forme alors un « complexe » inconscient. Cet irritant cherchera à atteindre la conscience pour être résolu. Mais le souvenir sera bloqué à la douane par la censure de la conscience qui l'a « oublié ». Les psychanalystes utilisent une cure axée sur la communication verbale pour amener le « moi » à se réapproprier le « morceau de vie » étranger qui vit en soi à cause du traumatisme. Revivre l'expérience avec sa conscience d'adulte permet au patient d'expurger la terreur enfantine associée aux souvenirs et de rationaliser l'expérience. Le traitement psychanalytique obtient parfois des succès spectaculaires (voir Freud, livre 4).

Quant à la version shamanique proposée en parallèle, elle est longue et répétitive, décevante de simplicité pour le spectateur moderne. C'est souvent le cas avec les rituels. Je reformule le compte-rendu de Lévi-Strauss.

 Une jeune femme devrait accoucher, mais l'enfant, son premier, refuse de sortir. La sage-femme a minutieusement tâté le ventre de la femme. La tête se présente en premier et le cordon ombilical n'est pas enroulé autour du cou. On fait venir le shaman.

Une mise en scène est nécessaire pour qu'il puisse agir, un « théâtre » va être érigé. D'abord une tente délimite le volume et de l'encens qui brûle purifie l'air. Des objets accrochés bruitent au gré du vent. Des prières chantées accaparent le silence. Un décor inconnu de la jeune femme, tout comme l'attention qu'elle reçoit la rendront réceptive aux volontés du shaman. Le décor se réalisant, le guérisseur commence la narration de l'histoire des shamans.

– Pour qu'un homme naisse, les Dieux envoient une âme habiter le corps formé. Telle est la loi. L'enfant quitte alors naturellement le ventre maternel. Plusieurs générations étaient passées depuis la venue des hommes dans le monde des Terres quand une étrange malédiction s'abattit sur la tribu. Un enfant fut trouvé mort à sa sortie du ventre de sa mère. Il y en eut un second puis d'autres. Les sages de la tribu envoyèrent un émissaire dans les hautes montagnes sacrées pour interroger les Dieux. Grande fut la colère des Puissants en écoutant les paroles du messager. La cause du malheur des hommes était un démon. S'étant aperçu que des âmes quittaient le monde des Dieux pour celui des Terres, le démon attrapait les voyageuses au passage dans l'entre-deux-monde, les tirant à lui pour les dévorer.

Un problème épineux, les Dieux ne peuvent intervenir dans l'entre-deux-monde. Mais l'émissaire, un humain, le pourrait. Telle est la loi. L'envoyé de la tribu devint l'époux de la Mère des Terres. Il fut tatoué de symboles et reçut des talismans pour le protéger. La parole vraie lui fut révélée. Il possède maintenant le pouvoir de dire. Transporté par le Dieu des Souffles, l'homme traversa l'entre-deux-monde, affrontant le démon en travers de sa route. Il commanda à la bête de retourner à l'obscurité. Frappé par l'ordre, incapable de toucher l'âme de son adversaire, le démon dut fuir. Telle est la loi. Quand il fut de retour sur la montagne, les Dieux lui dirent que son rôle serait désormais de protéger la tribu. Il serait « shaman », le protecteur de l'équilibre dans le monde des Terres. Celui que le shaman choisirait et formerait comme successeur serait reconnu comme shaman par les Dieux. Telle était leur volonté. Ainsi fut créé le premier shaman. Depuis, le nom de tous les shamans de la tribu a été mémorisé par chaque nouveau shaman.

L'homme fit l'énumération complète de ses prédécesseurs, sorte de cordon ombilical qui lie le shaman actuel au héros mythique à l'origine. Son diplôme accroché au mur, le shaman entre en action. Le problème est clair. Un démon s'est faufilé à nouveau dans l'entre-deux-monde et retient l'âme de l'enfant. Un démon faible et affamé qui tente d'arracher l'enfant à sa mère. Un démon comme celui qu'a combattu le père de tous les shamans.

— Par le pouvoir que m'ont donné les Dieux, par la lignée dont je proviens, par la volonté que les hommes vivent dans le monde des Terres, moi, shaman, je t'ordonne démon de lâcher prise et de respecter l'ordre des Dieux. Démon, retourne à l'obscurité !

Le bébé sort. Rideau.

## UN EFFET PLACEBO ?

Les démons n'existent probablement pas. C'est pourquoi Lévi-Strauss fut séduit par la comparaison du shaman d'Amazonie avec le psychanalyste d'Europe. Les deux approches au même problème comportent un « paradis » de départ et un problème associé au passage à la « réalité humaine adulte ». Les deux traitements supposent un « blocage » dans la « psyché » et s'appuient sur une interaction verbale directe avec le patient. Chaque thérapie présume que le raisonnement du thérapeute et son « autorité » permettront à la patiente de « libérer l'énergie retenue ».

Devrait-on alors supposer l'action d'un placebo ? Pour tester un médicament en laboratoire, on administre une substance neutre, le placebo, à un groupe témoin pour éprouver l'efficacité propre au médicament. Le groupe témoin permet d'isoler et de mesurer toute participation active du patient. En particulier, de mesurer la stimulation métabolique associée au fait que les cobayes croient prendre un vrai médicament. Certains sujets guérissent à l'aide d'un faux médicament. Cet effet observé en clinique s'appelle « effet placebo ». Pour un problème mineur tel un mal de tête, trois à cinq pour cent des patients guérissent par effet placebo de toute manière ! De quoi rendre certains prê-cheurs guérisseurs jaloux.

Croire en un mythe entraîne des effets psychologiques et so-ciaux encore plus concrets. Au milieu du vingtième siècle, de nombreuses thérapies originales ont vu le jour en psychologie. Lesquelles étaient vraiment sérieuses ? Il est quasi impossible de discréditer la plupart des traitements d'un point de vue théori-que. Une étude fut mise sur pied pour vérifier l'efficacité pratique des thérapies. Le constat étonna. Un traitement aura deux tiers de chances de réussir, peu importe la thérapie, pourvu qu'un pont de communication s'installe entre le patient et son thérapeute.

De même, le pouvoir du mythe ne peut pas être réduit à un simple effet psychologique. Placebo ou non, pont de communi-cation ou non, les guérisons sont réelles, qu'elles soient biolo-giques, psychologiques ou comportementales. Il semble qu'un regard extérieur à soi devienne nécessaire parfois pour trouver le bon chemin, surtout en société.

Les mythes d'un pratiquant lui apparaissaient incontestable-ment efficaces. Pas dans le sens où les actions et les acteurs du récit correspondraient à des faits et gestes de l'histoire humaine. Ce qui a existé à l'origine ne laisse pas de « fossiles » permettant de marcher dans le temps à reculons comme les archéologues. Dans un monde sacré, un mythe est vrai parce qu'il normalise la manière de vivre (« proposition métaphysique », livre 2, ch. 4) qui normalise la vérité, de la même manière qu'une balance normalise le poids des objets. Un mythe permet d'harmoniser l'univers. Comment le rappel de la nécessité à se comporter nor-malement peut-il avoir un effet sur le corps ? Nous l'ignorons. (Existe-t-il un chercheur qui se soit sérieusement posé la ques-tion ?)

Il faut croire pour vivre. Cet état d'esprit en tête, nous pouvons imaginer le pouvoir de convaincre que possède un mythe pour un peuple. Voici deux « histoires modernes » qui exposent ce pou-voir. Sont-elles vraies ? Je répondrai qu'elles sont « à l'origine » de mon explication moderne.

# Une foi aveugle...

L'arrivée des navires anglais a bousculé l'économie et l'ordre social chinois. Or, l'envahisseur possède une arme terrifiante : le fusil. Un long cylindre qui projette un bout de métal à vitesse folle et à grande distance. Pour repousser l'Anglais hors de leurs terres, les soldats doivent pouvoir s'approcher de l'ennemi. Une troupe de paysans et de militaires sans expérience rechigne à courir au-devant des projectiles. Le bruit des armes est effrayant. Les braves sont peu motivés et trop lents ; ils chargent mais se font faucher comme du blé.

Une « légende chinoise » raconte qu'un général recruta de jeunes gens sans instruction pour en faire une troupe d'élite. Leur entraînement débuta par une mise en forme physique, combinée à une purification du corps comme de l'âme. Les candidats apprirent ensuite brièvement à combattre avec une arme en main. Le reste de leur instruction se composa d'exercices visant à s'élancer comme un projectile pour devenir invulnérable aux fusils, une foi inébranlable agissant en bouclier déflecteur. La première phase de leur formation terminée, ils passèrent le test ultime, courir 100 mètres sous le feu de quelques fusils.

— Si vous voyez quelqu'un tomber près de vous, c'est que votre foi était plus ardente que la sienne. Alors, foncez !

Certains doutaient, d'autres s'élancèrent en véritables bolides. Une petite minorité mourut, foudroyée, une balle en pleine tête. Ceux qui doutaient justement.

La plupart des armes étaient chargées à blanc. De rares tireurs d'élite tenaient les fusils meurtriers. Ils savaient qui abattre. C'est la mise en scène qu'avait concoctée le général. L'épreuve renforça la confiance des « élus ». Certains avaient vu une arme faire feu à moins de cinq mètres et rien n'était survenu. La troupe d'élite reprit ses exercices, autant physiques que purificateurs. L'épreuve finale arriva, 200 mètres sous un tir nourri de fusils. Quelques autres tombèrent, surtout les lents à courir. Pour obtenir l'invulnérabilité, il faut « être » un projectile.

Le jour de l'assaut, près d'une centaine de soldats se ruèrent dans une charge hurlante vers le barrage de fusils anglais. Le capitaine anglais dut crier et menacer certains de ses hommes pour reprendre sa troupe en main. Le dernier Chinois tomba à moins de trois mètres des fusils. Les attaquants semblaient indifférents aux balles. Certains sautaient rageusement par-dessus les cadavres. S'ils avaient été 300 cents, l'assaut aurait réussi. Le rapport de l'incident à l'état-major fit l'effet souhaité. Les Anglais cessèrent leurs expéditions et entamèrent une négociation à propos de l'île de Hong-Kong.

Le légendaire samouraï Musashi notait qu'un guerrier seul n'est rien contre un village en furie. Durant la guerre froide, le maréchal russe Joukov avait dit, parlant de l'armée étasunienne : « la quantité est une qualité en soi ».

## L'interprétation matérialiste en histoire

Le 19ᵉ siècle a vu s'imposer en science une explication matérialiste dénuée de toute spiritualité, que ce soit sous forme de religion, extrasensorialité, astrologie, divination, délire mystique, voyage astral ou autre.

L'explication matérialiste du développement des sociétés s'appuie sur leur manière concrète de produire biens et services. Politique et culture sont générées par le type d'économie, elles-mêmes stimulées par les ressources naturelles. Selon la vision matérialiste, il n'existerait pas d'évolution propre aux idées, comme l'histoire de la démocratie par exemple. Si une société adopte une forme de démocratie, c'est qu'elle lui est utile.

Il existerait encore moins une histoire des dieux ! Les mythes ont un rôle idéologique. Ce sont des modèles fictifs de rapports économiques et politiques qui imagent notre position et nous font accepter notre rôle dans la société. Il s'agit de « l'idéologie dominante », car le rôle des « nobles », des « dirigeants » ou des « élus » s'assimile à celui des Dieux. L'abandon complet de leur liberté de jugement par les esclaves étasuniens à un « Lord » est une position idéologique qui rend soumis au seigneur terrien qui les exploitent, suggérant en contrepartie l'existence d'un « Seigneur » tout puissant, juste et humain, qui les récompensera dans « l'autre monde » (voir Marx, l'idéologie, livre 4).

Dans un univers sans lois sociales, un père pouvait avoir une autorité despotique sur ses enfants, entre autres s'accaparer les femmes. En se rebellant, certains fils imposèrent un « Dieu le père » juste comme modèle à suivre. Quand les fils devinrent pères à leur tour, ils durent se soumettre aux restrictions associées à cette figure paternelle. Ainsi serait né le monothéisme, par nécessité de justice familiale. La rébellion de Zeus/Jupiter contre son père Chronos/Saturne dans la mythologie gréco-romaine en est un bel exemple.

## … ET LE PARADIS À LA FIN DE SES JOURS

Le second mythe rappelle les guerriers nordiques qui convoitaient le Walhalla en se ruant au combat. C'est la légende des assassins de la forteresse d'Alamut. Mais d'abord les faits.

Le terme Hashshashin (assassins), a-t-on suggéré, proviendrait du pluriel de l'arabe « Hashshash » compris pour « consommateur de hashish ». La définition précise du terme en persan est « guérisseur » ou « vendeur d'herbes médicinales ». Les « fedayins » n'utilisaient pas le cannabis ni un de ses dérivés. Le terme servit à leur leader pour désigner ses fervents soldats. Hassan-i Sabbah aimait appeler ses disciples « Asasiyun », ceux qui croient en l'*Asâs*, en la « fondation » de la foi. Personnage austère, Hassan n'aurait jamais entériné l'usage de drogues ou d'alcool. Une substance intoxicante aurait affaibli la discipline stricte à laquelle les Nizârites devaient se plier pour survivre. Hassan a donné l'exemple en faisant exécuter ses deux fils, trouvés coupables de beuverie. Aucune mention de consommation de hashis dans les textes en provenance de l'ancienne bibliothèque d'Alamut. De même, jamais l'usage de drogues n'est mentionné dans les sources ismaéliennes ou sunnites, pourtant ennemies d'Alamut.

Un conflit entre Ismaël et Nizâr avait créé une scission. Nizâr ayant été exécuté, ses partisans, les Nizârites, poursuivirent sa lutte sous la commande du charismatique Hassan-i Sabbah. Il érigea en 1090 une première forteresse à Alamut (« Nid d'aigle » en persan) au sud de la mer Caspienne, y fondant sa fédération d'assassins. Au lieu d'une impensable armée, Hassan utilisa l'assassinat politique comme outil de survie pour son peuple dispersé et affaibli. Ses fedayins vont infiltrer les positions ennemies et demeurer dans l'ombre de leurs cibles potentielles. Ce sont des commandos silencieux, entraînés à tuer, mais connaissant plusieurs langues, le commerce et les sciences. Des citoyens Nizârites étant menacés par une autorité locale, un fedayin était mis en opération pour prévenir l'offensive. Les fedayins ne tuaient pas forcément. La personne ciblée pouvait trouver une dague

« hashshashin » sur son oreiller, suggérant qu'un changement d'attitude face aux Nizârites serait opportun.

La légende des assassins fumeurs de hashis nous vient des récits de voyage de Marco Polo. Il aurait visité Alamut en 1273. Une visite fictive, la forteresse avait été détruite par les Mongols en 1256. Comment le Génois aurait-il pu voir « ces jardins les plus beaux et les plus vastes du monde » ? Le célèbre voyageur dut cueillir une légende locale. Polo affirme que les futurs assassins étaient sujets à une initiation rituelle où on les droguait, simulant la mort. Ils s'éveillaient dans un jardin de fleurs où ils pouvaient boire du vin et disposer de jeunes vierges éblouissantes. Je reformule.

 L'homme pose sur la table la coupe apportée par un serviteur, fixant Jafar droit dans les yeux. Une flamme ardente embrase son regard. Un être sans nom qui jamais ne lui demanda le sien. Jafar ne sent ni danger ni pression.

Quand il est arrivé à la ville, affamé et vêtu pauvrement, personne ne s'est moqué de lui. Le chemin menant à la forteresse a été une longue ascension. Quand Jafar a affirmé vouloir servir Alamut, il a été accueilli, lavé, épouillé, brossé et vêtu. Puis on l'a mené à une pièce où l'homme assis face à lui l'attendait devant un repas chaud. Jafar lui a raconté sa courte vie, ses déboires. L'homme a demandé ce qu'il savait d'Alamut. Son interlocuteur souriait à l'occasion. Jafar ne connaît la forteresse et ses assassins que par la rumeur propagée à voix basse. Ensuite il lui a expliqué la vocation des assassins d'Alamut.

— Et après avoir bu, je vais mourir ?

— Oui. L'effet n'est pas immédiat.

— C'est douloureux ?

— À peine, là. (L'homme touche sa poitrine.) Tout juste avant de partir. Tu te réveilleras dans un jardin de délices. Allah t'accueillera à bras ouverts.

— Je verrai Allah !

L'homme a un sourire indulgent.

— Aucun homme ne peut poser son regard sur le Très-Haut. Tu verras.

— Combien de temps serai-je parti ?

— Ça dépend. Là-bas, d'un éveil à un coucher. Mais le temps est différent.

— Pourquoi ?

— Tu verras, sourit l'homme.

— Et je me réveillerai ici ?

— Malheureusement. Mais tu vas t'allonger confortablement dans une chambre. Nous avons le temps.

— Tu étais déçu d'être revenu à la vie !

— Je me sentais très vivant là-bas.

L'homme rit de bon cœur.

— Tu y es vraiment allé ?

— Dans le Jardin des délices ? Aussi vrai qu'ici en ce moment. Et j'y retournerais à ta place sans aucune hésitation, si je le pouvais.

— Tu as dit qu'à ta mort, tu y retournerais.

— Après avoir bien servi mon maître. À jamais.

Les yeux de l'homme devinrent un songe de lumière. Une bourrasque de vent traversa la pièce.

— Toi aussi, si tu le désires vraiment, ajoute l'homme en poussant la coupe vers Jafar. Donne ta vie à Allah et s'Il te ramène à nous, sert Alamut, oasis de la vraie foi. Alors ta félicité et ton salut seront éternels.

La spontanéité du bras de Jafar avait décidé pour lui. Un vin fruité, le goût du miel. Le nectar surprit son palais. Ajar déposa la coupe vide.

— Viens, ordonna l'homme.

Un escalier plus haut, une porte s'ouvrait sur un corridor où s'alignaient de petites chambres fermées, meublées d'un lit, d'un petit coffre, d'une cruche d'eau et d'un pot de chambre. Jafar s'était allongé, sentant la finesse du tissu qui recouvrait une paille abondante. Il avait fermé les yeux, repu. Il voulait réfléchir à…

L'homme referma la porte de la chambre derrière lui. Le jeune homme reposait immobile. Bientôt son corps allait refroidir. Il reviendrait dans une dizaine de jours récupérer son initié qui n'aurait nullement souffert de cette longue solitude. À quelques exceptions près. Parfois un message du maître l'avisait qu'Allah avait gardé le novice avec lui.

Ce que ni l'homme ni Jafar ne savent, c'est qu'une trappe sous le lit permet de faire passer le corps refroidi au sous-sol, où il est emballé des pieds à la tête et installé sur le dos d'un cheval muni d'un attelage spécial. Ensuite les deux hommes mèneront leur colis à une petite porte, côté est de la forteresse, peu fréquenté. Puis les hommes retourneront dans leur village, leur mission étant accomplie. Le maître d'Alamut n'assigne jamais deux fois cette tâche à la même personne.

À l'extérieur de la muraille, deux cavaliers voilés prendront en charge le cheval et le mèneront haut dans la montagne jusqu'à l'entrée d'une passe dont la traversée leur est interdite. Deux fanatiques serviteurs muets d'Alamut. Un voyage de trois jours durant lesquels les hommes mettront une crème aux tempes et au front de Jafar, lourdement drogué. L'absorption d'une dose massive au départ provoque une hypothermie de surface et une semi-rigidité musculaire. La crème appliquée poursuivra l'effet. Il suffit de lever la tête du drogué et d'approcher le liquide, il aura le réflexe de boire. L'eau est citronnée et sucrée de miel pour le maintenir en bon état.

À l'entrée de la passe, un cavalier voilé attend. C'est lui qui prendra le novice en charge s'il est encore vivant. Les deux muets attendront dans une grotte tout près. Il arrive qu'à cause de la haute altitude, certains candidats meurent d'une hémorragie à la tête. Le cadavre est alors brûlé et les convoyeurs retournent immédiatement avertir la forteresse.

Le cavalier guidera le cheval et sa charge à travers les pièges du col. Lui seul connaît ce passage. Les autres serviteurs dans la vallée sont venus par un autre chemin. Ils déboucheront sur une toute petite vallée verdoyante. Des arômes de fleurs embaument l'air frais que brasse un vent doux. Le pourtour de la vallée est bordé de sommets et de pics rocheux. Les plus hautes cimes montagneuses se perdent dans les nuages. C'est la découverte de cette vallée, soigneusement entretenue par ses jardiniers depuis, qui avait inspiré son stratagème au maître d'Alamut. Voyant la vallée apparaître au sortir d'une faille dans la montagne, le maître s'était dit : « un cadeau d'Allah pour celui qui ne doute pas ». Les hommes simples ont besoin d'une foi concrète et le Très-Haut lui offrait un temple grandiose.

Jafar n'étant plus drogué, mais épuisé par la contraction musculaire que cause la drogue, une simple potion le fit dormir comme un bébé. Il se réveillera affamé et reposé de sa vie passée. Une mise en scène attend le novice qui s'éveille au son velouté d'une voix de femme, un murmure doux comme un vent d'été.

— Hamed. Hamed !

Un parfum, une main douce. Jafar ouvre les yeux. Un ange le regarde. C'est lui que la jeune femme appelle Hamed.

Durant des heures qui filèrent comme le vent, Jafar connut les caresses expertes d'amantes au corps parfait. Il mangea des mets qui s'évanouissaient en arômes sur son palais. Des vins exquis dont il avait du mal à goûter les nuances. Les ombres s'allongeant, des torches aromatisées furent allumées. L'aube le trouva encore en pleine extase. Il s'endormit fatalement et sentit une douleur en sa poitrine.

Quand l'homme masqué déboucha à l'entrée de la passe étroite, les deux cavaliers muets attendaient. Ils ramenèrent Jafar, drogué, en trois jours, comme à l'aller. Deux hommes le prirent en charge à la muraille, le ramenèrent à la forteresse où il réintégra sa chambre, dont la porte fut déverrouillée de l'intérieur.

Quand le jeune homme s'éveilla, engourdi, il prit un moment à comprendre où il était. L'homme lui ayant tendu la coupe l'examinait en silence.

— Content d'être revenu en vie ?

Jafar se contenta d'un sourire amer. L'homme eut un rire gras puis demanda :

— Quel est ton nom désormais ?

— Hamed. Combien de temps suis-je resté allongé ?

— Une semaine.

— J'y retournerai à ma mort ?

— Si le maître est satisfait de toi. Lui-même me l'a assuré. Viens. Il faut te préparer. Nous mangeons à sa table ce soir.


Concluons. Même si elles réduisent les mythes en histoires devenues légendes, les présentations modernes de raconter n'entament en rien le *pouvoir* d'un mythe chez qui y croit.

# III

# L'ESPACE CONSACRÉ : UNE PROPRIÉTÉ NON PRIVÉE

> Ce matin, mes compagnons de route ont fait leur prière
> tournés vers La Mecque (…) La géographie de cet univers
> est compliquée, confuse, mais Dieu vous garde de l'erreur,
> car, ici, dans le désert, elle peut être fatale.
> **Kapuscinski**, *Ébène*

## L'ESPRIT DE LA LOI

Imaginez une salle de spectacle, un dojo d'arts martiaux, un *bunker* de motards, une simple prison ou la maison familiale. Personne n'entre ni ne sort de ces espaces sans utiliser une « porte », occasion d'examiner les raisons de passer. Imaginons de plus grands espaces. Les États-Unis après le *9-11*, Israël depuis sa création, Berlin-Ouest durant la guerre froide (1945 − 1990) ou simplement un pays. « Que venez-vous faire chez nous ? » est la question rituelle du douanier.

Une fois à l'intérieur d'un pays, on trouve des centres de pouvoir : parlement, église, baraque militaire, poste de police ou banque. Seuls les « élus » et certains « initiés » peuvent circuler, une précaution qui sécurise l'espace.

Grâce aux rituels de consécration (con=avec + sacré=divin), tout espace peut être emprisonné dans les filets d'un ordre invisible. Alors un « monde » naît. *Planet Hollywood* est un monde. La guerre pour les territoires se fait en groupes qui vivent dans le même monde. Au dire des plus développés, il s'agit d'une sélection naturelle. L'attitude « colonialiste » des Européens puis des Nord-Américains consista à ne voir en dehors de chez eux que des territoires à civiliser. Les colons européens débarquaient, selon eux, sur un territoire sans ordre ni protection, un vaste espace « profane » (*profanun*, *pro*=devant + *fanun*=temple, celui qui attend à l'entrée d'un temple, l'accès lui étant interdit).

Les colons européens ne considéraient jamais la culture amérindienne. C'est ce qu'on appelle l'attitude colonialiste. L'autochtone survit s'il abandonne son monde pour celui du colon. Le communisme et l'esprit mandarin évitèrent aux Chinois l'humiliation d'être colonisés (1900-1949). Un Japon trop fier dut souffrir deux « essais » nucléaires avant de « coucher son roi ».

## Le libéralisme colonialiste

Le pouvoir économique a découvert qu'un profit énorme peut être réalisé en possédant des colonies. C'est pourquoi les partis politiques soutenus par les grandes fortunes sont favorables au contrôle militaire et politique des régions moins développées. Un darwinisme économique et culturel est invoqué pour justifier cette exploitation politique, militaire ou économique. Voici un exemple. L'arrivée des Portugais puis des prêtres au Japon poussa l'empereur au 17e siècle à fermer les frontières du pays. En 1853, le commodore Perry entra dans la rade de Yokohama avec une flotte de bateaux à vapeur et remit un ultimatum aux Japonais. Ils devraient ouvrir l'île aux étrangers sinon en subir les conséquences.

Woodrow Wilson (1856-1924) fut président des États-Unis de 1912 à 1920. Il fit en 1907 une déclaration exemplaire qui résumait sa politique extérieure : « Puisque le commerce ignore les frontières nationales et que les fabricants tiennent à avoir accès au marché mondial, les pays doivent lui ouvrir leurs portes. Les concessions obtenues par les financiers doivent être protégées par les gouvernements, même si cela porte atteinte à la souveraineté des pays récalcitrants. » Il reçut tout de même le prix Nobel de la paix en 1919.

Marco Polo, dans Le livre des merveilles, raconte la grandiose réorganisation de la capitale accomplie par Koubilai, petit-fils du célèbre Gengis Khan. Être l'hériter d'un peuple composé de millions de Chinois souriants et patients est une occupation dangereuse pour un Mongol. Le nouvel empereur n'hésita pas à reconstruire la ville en déviant le cours du fleuve à proximité. Un exploit en soi. Un recensement fait en 1270 avait comptabilisé 147 590 « feux » dans la ville, soit environ 1 million de personnes. Soulignons que la description de Polo s'apparente aux données des archives royales chinoises.

« Elle a vingt-quatre milles de tour, et donc chaque face a six milles, car elle est exactement carrée... Il y a douze portes et sur chaque porte il y a un très grand palais ; si bien que sur chaque face des murs sont trois portes et cinq palais, parce qu'il y en a un autre à chaque coin. En tous ces palais sont de très grandes salles où demeurent les armées de ceux qui gardent la cité.

Et vous dis encore que toute la ville est tracée au cordeau ; les rues principales sont droites comme un I d'un bout à l'autre de la ville, et si larges et si droites que celui qui monte sur le mur à une porte, il voit à l'autre bout la porte de l'autre côté (...) Ainsi est tout le dedans de la ville distribué par carrés comme un échiquier. Au milieu de la cité est un très grand palais avec une grosse cloche qui sonne trois fois à la nuit ; et nul ne doit aller par la ville après qu'elle a sonné trois fois. »

Peut-on se protéger de *tout* simplement en construisant des rues droites ? Non. Mais alors, par quoi est-on menacé ? Imaginez un écologiste expliquant à des primitifs les menaces que l'humanité pose à la nature ; ses paroles susciteraient incompréhension et terreur. Même les plus entreprenants empereurs de Rome — dont les ingénieurs ont créé des ponts et des aqueducs — n'auraient jamais imaginé pouvoir « menacer » la nature. Par contre, tout césar implorera les dieux d'épargner sa ville et son empire des tremblements de terre, des éruptions volcaniques, des inondations, des sécheresses, des incendies, comme des épidémies ; autant de fléaux indifférents à la souffrance humaine. Ailleurs, ce serait les cyclones, les ouragans ou les invasions barbares qu'on redouterait. En admettant que nos ancêtres lointains prennent notre écologiste au sérieux, ils seraient terrifiés d'avoir provoqué une colère divine de magnitude « apocalyptique ».

## OÙ SOMMES-NOUS INSTALLÉS ?

Quand nous ne savions pas exactement où nous étions, quels endroits ont eu notre préférence ? Près de voies d'eau, près de forêts riches en bois et en gibier, près de prés verdoyants. Certaines cités furent érigées sur des sites stratégiques. Mais l'intérêt géographique n'assure pas la sécurité. Plusieurs agglomérations ont été détruites dans l'histoire humaine, certaines plusieurs fois ! Même notre toute puissante et évoluée Amérique du Nord possède son *Who's who* des cataclysmes : l'incendie de Chicago du 8 au 10 octobre 1871, le tremblement de terre qui ravagea San Francisco le 18 avril 1906, l'éruption du mont Saint Helens, dont l'écroulement d'un flanc a enseveli une forêt sous la roche en moins d'une minute le 18 mai 1980, et l'ouragan Katrina qui causa l'inondation de La Nouvelle-Orléans le 29 août 2005.

**Journal de Montréal, 14 janvier 2010**

Les survivants haïtiens ont commencé à compter leurs morts, hier, au lendemain de la catastrophe qui a ravagé le pays et qui pourrait avoir fait jusqu'à 100 000 victimes.

Plongée dans un chaos indescriptible, la population entière cherchait des survivants parmi les décombres. Près de 70 % des infrastructures ont été détruites ou partiellement endommagées. Les quelques services de base sont toujours aujourd'hui inutilisables.

**Inondation au Pakistan, 10 août 2010**

Provoquées par des pluies de mousson torrentielles, les inondations ont fait plus de 1 500 morts en deux semaines. (Il y aurait) plus de 13,8 millions de sinistrés, soit 2 millions de plus que si l'on additionne ceux du tsunami de 2004 dans l'océan Indien, du tremblement de terre de 2005 au Cachemire et du séisme de 2010 en Haïti.

## Loger sous une bonne étoile

Un espace inconnu nous apparaît homogène, sans repères fiables. On y perd son chemin. C'est le cas des déserts de sable ou de neige, comme d'un océan, d'une forêt, d'un marécage ou d'un champ de bataille. Pourtant, tout peuple qui vit en région hostile s'accommode des ressources locales. Imaginez la difficulté quand il s'agit non seulement de traverser un lieu inconnu, mais de trouver l'endroit où s'installer pour y vivre au quotidien. Pour se guider, le citoyen moderne consulte une carte, un panneau indicatif, ou tout simplement un *GPS* ou *Google Map*. Pour connaître l'heure, nous consultons aussi un appareil. C'est si simple !

Mais sans carte ni horloge, que fera l'homme antique ? Il lui faut regarder en haut, observer les cycles réguliers du ciel. Nos ancêtres vérifiaient la position du Soleil pour connaître l'état du jour (aube, matin, midi, après-midi, crépuscule), l'état de la Lune pour la semaine (nouvelle, croissant ouest, pleine, croissant est), et les constellations visibles dans le ciel pour les mois (Bélier, Taureau, Gémeaux...).

Comment estimer la richesse d'un territoire ? Comment évaluer la menace de voisins éloignés ? Un choix malheureux peut entraîner la disparition des siens. Si les lumières du ciel permettent de voir et de s'orienter, elles aident aussi à calculer le temps. En conséquence, plus la quête  apparaîtra incertaine, plus grande sera la nécessité de se fier au divin.

Mircea Éliade a défini quatre étapes dans l'application des rituels de sacralisation d'un territoire. Je reformule.

1  trouver un signe divin
2  placer un signe de possession
3  construire un dispositif de communication avec le ciel
4  contracter une assurance

### 1 — LE CLIN D'ŒIL DIVIN

Pour trouver sa place dans la nature, il est préférable d'avoir l'approbation du ciel. L'accord se manifeste par un signe. Il y a « hiérophanie » (*hiéro*=divin + *phanie*=apparition). La nature du signe varie grandement selon le peuple et le territoire recherché. L'événement peut se produire de manière aléatoire ; parfois les Dieux agissent sans prévenir. Le plus souvent, le signe est attendu ou recherché, voire provoqué. C'est la foudre, une étoile filante, un arc-en-ciel, un rêve, la prédiction d'un astrologue ou d'un géomancien, les entrailles d'un animal sacrifié, l'oracle d'un temple, la découverte d'une plante, la vision d'un mystique, la prescription d'un texte sacré ou l'observation d'un phénomène inhabituel comme l'irruption d'un oiseau dans une maison.

D'abord trois exemples où je reformule.

L'oracle de la ville de Delphes, en Grèce, était célèbre, et le consultait, qui s'inquiétait du destin. C'était le cas d'un conquérant qui interrogea les Dieux au sujet d'une guerre dont il redoutait l'issue.

— Vous cultiverez leurs champs, avait répondu l'oracle.

Persuadé de l'emporter, le roi livra bataille. Ses troupes vaincues et lui-même furent réduits en esclavage et durent cultiver les champs du vainqueur. Ce conquérant avait voulu connaître à l'avance le résultat de ses actions, une ambition démesurée selon les Grecs. Leurs Dieux punissent sévèrement toute forme de démesure.

Comme ses cinq compagnons, Ike suit le pas rapide du sorcier. Jour après jour, le vieil homme marche le matin, s'arrête avant que le soleil soit haut et repart quand l'astre se met à décliner. Au couchant, la troupe s'installe pour la nuit et repart avec le jour. Le sorcier s'arrête à tout moment pour observer les alentours. Que scrute-t-il ? Ike l'ignore. À chaque pause, le vieil homme plante son bâton de magie en terre d'un geste sec. Une branche de cèdre trouvée dans les montagnes durant son voyage initiatique. Le grand-père de Ike s'en souvient. Des symboles noircis au charbon sont gravés dans le bois. Quand le sorcier retire son bâton d'un geste vif, la troupe se remet en marche.

Le vieil homme cherche l'endroit où mettre en terre les pousses de l'herbe-qui-guérit. En saison chaude, il pleut peu, mais dru sur le haut plateau. La terre devient boueuse par endroits.

— Pour pousser correctement, la plante sacrée doit boire peu, a expliqué le sorcier en marchant. Elle doit être placée dans une terre aride, sinon d'autres plantes la priveraient d'eau. Si la terre reste humide après la pluie, les insectes vont détruire les feuilles.

Ike a eu du mal à sommeiller. Hier soir, il pleuvait et il ne pouvait se protéger efficacement, les gouttes d'eau s'infiltraient. Ce matin, l'air était frais. Le soleil a passé au plus haut dans le ciel et il fait déjà chaud. Pourtant on ne sent plus l'humidité. Ike voit le sorcier se lever. Son geste sec ne parvient pas à extraire le bâton de magie de la boue séchée. Le vieil homme sourit et pointe son bâton : « C'est ici. »

Notre seigneur a rêvé qu'il suivait une vache, remarquable au croissant de lune sur son flanc. Soudain l'animal s'est transformé en mur de pierres.

— Les vaches tachetées sont les meilleures, a précisé un des éleveurs. Un signe de richesse.

Tous ont acclamé le maître. L'aède a conclu de sa voix forte :

— Les Dieux ont été favorables à notre long voyage.

Cris de joie. Quittant volontiers les embarcations pour la terre ferme, plus d'une vingtaine d'éleveurs se sont engagés à l'intérieur des terres, avec familles, esclaves et biens matériels.

Seize jours ont passé avant qu'un éclaireur ne revienne, ayant repéré une vache avec un croissant de lune au flanc. Le troupeau vit sur l'autre rive du cours d'eau qu'ils longent. Une prairie qui monte vers des collines.

Le maître nous a tous réunis, les éleveurs devant, en cercle, leur famille et esclaves derrière. Il a expliqué à voix forte comment les bêtes allaient être capturées. Le maître est un homme rusé qui possède des savoirs. Les femmes et les esclaves vont flanquer le troupeau, avec bâton et métal en main. Le bruit va faire reculer les bêtes si elles tentent de fuir par les côtés. Les éleveurs traverseront la rivière au passage à gué, plus haut, pointe-t-il tout en dessinant dans la terre avec une branche. Le troupeau fuira vers les collines. Une fois regroupées, il suffira de trier les vaches une à une, d'un côté ou de l'autre, comme pointeront les éleveurs. Sauf celle au croissant de lune.

Une fois le troupeau divisé, moi et quelques autres avons voulu suivre les éleveurs. Mon maître a approuvé. Paniquée, la vache s'est enfuie en hauteur, cherchant un chemin en pente douce. Une vache n'est pas une chèvre. L'animal s'est retrouvé piégé sur un plateau qui se termine par une falaise abrupte. De là, on voit toute la vallée en bas. La vache a été abattue.

— La forteresse sera construite ici, a ordonné le maître.

L'aède va chanter un poème pour louanger les Dieux.

À titre d'exemple non sacré pour illustrer les quatre étapes, nous utiliserons un récit de la fondation de la Nouvelle-France. Puis certains passages de la BD de Nina seront soulignés et expliqués grâce à la vision que procure notre théorie.

À la proue, Jacques Cartier scrute le ciel avec sa lunette. Il s'est lancé vers l'ouest à la recherche d'une terre au nord des îles accostées par Colomb. Dans l'hémisphère sud, les Espagnols trouvent or et argent. Les Portugais et les Hollandais parcourent les océans d'Asie, ramenant des produits exotiques. Le roi de France a besoin de colonies. Cartier ferme sa lunette, satisfait. Il vient d'observer un vol de goélands, preuve d'un rivage à proximité. Le célèbre navigateur jeta l'ancre dans la baie des Chaleurs, au sud de la Gaspésie, en 1534.

*Nina marcha vers l'ouest jusqu'au moment où le sang coula de son sexe.* L'apparition des menstruations suggère un pont entre le sang versé par Nina et la bête abattue dont elle tient le rôle. La découverte d'un territoire fertile soulignerait aussi l'analogie avec Nina devenue fertile (le « lien sympathique » en magie). Voilà le signe attendu.

Rappelons qu'avant la modernité, tout phénomène associé à la naissance relevait du divin. (Les activistes « pro-vie » et les partisans d'une charte des droits des animaux en perpétuent l'esprit de nos jours.) Elle trouva un cours d'eau et mit un peu de poudre du sachet dans le pot mouillé d'eau. Le mélange resta blanc, la protection du Dieu était renouvelée. Ce second signe,

provoqué cette fois, est absent du récit mythique. Un ajout tardif au rituel. Ici aussi un raisonnement magique est à l'œuvre. Si le liquide est « impur », il devrait tacher la « blancheur » de la poudre.

## 2 — « SIGNER » LA FISSURE

Une journée chaude et venteuse d'été. Dans un parc public, la foule profite de la fraîcheur des arbres. Soudain, parmi les papiers et autres détritus que le vent traîne dans son sillage, un billet de 100 $ se pose dans l'allée principale. Des gens l'aperçoivent. Un regard en direction d'où vient le vent, personne ne se manifeste. Un billet perdu donc. Quelqu'un s'avance pour ramasser l'argent. Deux personnes tentent de le devancer. Le vent s'en mêle, le billet reprend son vol. Les trois le prennent en chasse. Courses, exclamations et rires. Leur trésor atterrit aux pieds d'un jeune homme. Il le ramasse tout simplement, amusé. Relevant le torse, billet en main, il surprend l'air envieux des autres qui retournent s'asseoir.

 Une immense Cadillac blanche, toit ouvert, chromes étincelants, attend devant l'église. Un magnifique samedi après-midi de printemps en cette année 1964. Réunies au bas des marches, une quinzaine de jeunes femmes attendent que la nouvelle épouse, dos tourné, lance « le bouquet de la mariée » derrière elle. La demoiselle qui l'attrapera devrait être la prochaine à « entrer en ménage ». (Un raisonnement magique, le bouquet transporte la qualité « être épouse ».) Aussitôt le bouquet lancé, chacune tente de l'attraper au vol. Des mains avides s'entrechoquent et l'objet de leur convoitise atterrit dans les bras d'une jeune cousine, seize ans à peine. Aussitôt, chacune entoure et félicite la chanceuse.

La signature d'un traité, la première pelletée de terre, la coupe du ruban ou la pancarte « maison vendue » sont autant de manières d'officialiser la possession d'un espace. Célèbre est le *Star-Spangled banner* planté par les astronautes étasuniens, premiers humains arrivés sur la Lune. Plus humanitaires et modestes sont les « inukshuks » des Inuits (*inuk*=humain + *shuk*=substitut, un mannequin), des assemblages de pierres plates qui ressemblent à un être humain, preuve que des voyageurs sont passés par là et ont pris la peine d'indiquer le chemin. Un signe fort réconfortant dans le Grand Nord canadien quand il fait -30° C et qu'il vente.

Planter un drapeau ou une croix, clôturer un terrain, ces actes suggèrent que quelqu'un revendique la possession du territoire. Le philosophe anglais John Locke a expliqué le mécanisme psychologique qui supporte l'acte de « prise de possession ». Il propose un exemple que je reformule.

Dans un champ inoccupé, un pommier a grandi. Ses fruits attirent un voyageur qui en cueille quelques-uns. Pommes en main, il poursuit sa marche et croise un homme qui l'arrête et, tendant le bras, annonce :

— Je prends une des pommes.

— Mais non ! s'exclame le voyageur, éloignant ses fruits de la convoitise de l'autre. Elles sont à moi.

— Où les avez-vous cueillies ?

— Là-bas, dans le champ.

— Quelqu'un vous a-t-il empêché de les prendre ?

— Sûr que non. C'est un terrain sauvage.

— Bon. Maintenant, c'est à mon tour de vous en prendre une.

— Mais ces pommes sont à moi !

— Pourquoi le seraient-elles ? Ce sont les mêmes pommes.

— Mais pas au même endroit. J'ai travaillé pour les cueillir, je les ai transportées jusqu'ici. Si vous en voulez, allez en chercher vous-même.

Tout signe de possession est soit la marque d'un travail, soit l'annonce d'une volonté de posséder. Une pomme tenue en main n'est plus en « état de nature ». Vouloir ce qu'un autre possède, c'est vouloir en plus annuler un travail accompli. Celui qui voudra contester ce droit de possession devra alors fournir un grand effort, car, sans droit naturel pour se justifier, il lui faudra affronter l'autre sur son terrain. C'est un sentiment de légitime possession qu'exprime toute « prise en main » d'un objet. Ce sentiment a agi dans l'exemple du bouquet comme du billet de 100 $.

### John Locke (1632 — 1704)

Locke est l'un des fondateurs de « l'État de droit ». L'état de nature est : « un état dans lequel les hommes se trouvent en tant qu'homme et non pas en tant que membre d'une société. » (Traité du gouvernement civil, §14) Les hommes sont libres et égaux, car aucun homme n'est soumis par nature à quiconque. Dans l'état de nature, on doit préserver sa propre vie (§6) et respecter la vie, la liberté et les biens d'autrui. La violence est interdite, sauf pour se défendre (§7).

Chaque homme est propriétaire de sa propre personne. Personne ne possède un droit sur elle. Le travail de son corps et l'ouvrage de ses mains lui appartiennent en propre. Le pouvoir politique est protecteur de la liberté des individus qui lui sont soumis. Il n'est donc pas censé instituer l'ordre social par des lois, mais est au service de la société, car il trouve son origine dans le consentement de ceux sur lesquels s'exerce son autorité. L'État est donc un instrument et son rôle est de protéger la vie, la liberté et les biens (voir Rousseau, livre 4).

Il s'agit d'un contrat social entre « Blancs ». Les colons peuvent accaparer toute terre dont les ressources ne sont pas exploitées et si des « indigènes » s'opposent, une guerre est possible et l'esclavage sa conséquence. Par ailleurs, si les humains naissent tous égaux avec les mêmes droits, une naissance à l'état d'esclave est acceptable pour les Africains et les Amérindiens, car ils ne sont pas de véritables êtres humains pour Locke.

Au nom de qui, par quelle volonté et pour quel « travail » un espace est revendiqué, telle la fonction de la « signature » du signe de possession.

Les montagnes environnantes avaient inquiété Cartier. Mis à part le territoire entourant la large baie, aucune terre accueillante ne s'offrait à moins de traverser le massif montagneux des Appalaches qui se devinait à l'ouest. Les Amérindiens lui parlèrent d'une large voie d'eau plus au nord. Elle s'enfoncerait loin à l'intérieur des terres. L'échelle de grandeur en Amérique ne permettait pas à Cartier de se faire une idée précise du fleuve St-Laurent. Il faut naviguer l'équivalent de la moitié de la France avant de pouvoir observer les deux rives du fleuve avec une lunette. Cartier dut prendre un certain temps avant de saisir l'ampleur de l'embouchure du fleuve. La rive nord abrupte et les îles de la Madeleine trop exposées, il opta pour la rive sud. Le Français fit de Gaspé la porte d'entrée de la Nouvelle-France. Une croix et un drapeau furent plantés bien en vue depuis la mer. Cartier prenait possession du territoire au nom du Christ et du roi de France.

*Le signe s'étant manifesté, Nina n'eut pas à reprendre sa marche. Elle planta la flèche, la pointe dirigée vers le ciel.* Quelqu'un doit avoir eu la flèche en main pour la planter à l'envers. Un geste volontaire, donc. Voilà un indice clair pour les jeunes chasseurs et une « signature » éloquente pour identifier un territoire de chasse.

Encore faut-il pouvoir lire la signature ! Certaines tribus amérindiennes clôturaient leur cimetière sacré de poteaux surmontés d'un crâne. Le but de l'installation était d'avertir tout étranger de l'existence du cimetière. Passer outre cette clôture constituait pour eux un sacrilège. Si les colons avaient compris le message, peut-être l'auraient-ils respecté, mais leur « lecture » se heurtait à une double difficulté. D'abord toute revendication d'un territoire aux yeux des Européens exigeait qu'un travail accompli soit visible. Ne voyant aucune trace de labour ou d'élevage, pas même de constructions, ils jugèrent la revendication amérindienne de prise de possession injustifiée. Par ailleurs, la tête de mort était pour les colons l'annonce d'une punition, non un emblème religieux. Les Blancs virent leur interprétation confirmée quand, ayant profané l'espace interdit, des Amérindiens furieux les agressèrent. En sens inverse, nous pourrions nous demander ce que les Amérindiens de la Gaspésie comprirent en voyant les blancs installé un homme quasi nu, debout, cloué sur deux planches de bois.

L'endroit où est posé un signe de possession n'entretient pas forcément de lien avec l'endroit ou un signe du ciel fut reconnu. Tout dépend de la nature du signe comme du territoire convoité. L'endroit où on consulte un texte sacré ou un oracle est indépendant de la location recherchée. Par contre, les deux phénomènes étaient intimement liés dans le cas du bâton de magie du sorcier. Étant des installations rudimentaires, les signes de possessions sont fragiles et ne résistent pas au temps. Ils sont le plus souvent remplacés par des constructions plus éloquentes.

Véritable espace sacré, le temple, parfois un simple monument, agit à la manière d'une station émettrice et réceptrice qui relie le ciel et la terre. Ce peut être un totem, une statue ou un  simple assemblage de pierres ; mais aussi une caverne ou bien une majestueuse cathédrale. Églises, synagogues et mosquées ne sont pas plus efficaces que les totems et autres constructions rustiques.

Un temple manifeste notre relation au divin et à l'invisible tout comme le font les figures animales des peuples amérindiens par exemple. Ces endroits sacrés permettent de demeurer relié au divin, possibilité rendue manifeste par une hiérophanie.

Un temple ou un monument n'a pas à être unique, des copies de l'original sont possibles. Elles agiront à titre de stations secondaires. Ce sont parfois des reproductions modestes de « la maison mère », tel l'oratoire Saint-Joseph à Montréal, réplique de la basilique de Rome. De même, si un pays possède en général une cour suprême, un parlement et un quartier général de police, il existe des tribunaux locaux, des administrations municipales et des postes de police de village.

La destruction du dispositif de communication peut signifier l'effondrement de l'ordre garanti par le divin. Une sorte de prise de dépossession ! La République française exigea la tête du roi. De même, la chute de l'empire communiste russe fut l'occasion de détruire le mur à Berlin et de coucher la statue de Lénine à Moscou.

Une scène de la Bible raconte comment Jésus se fâcha à la vue des « banquiers » qui se tenaient à la porte des temples à Jérusalem. Les prêtres et le personnel d'un temple ont besoin de fonds pour vivre. L'argent provient des donations des fidèles. Comme chaque religion fonctionnait avec la monnaie propre à son peuple, des changeurs se tenaient à l'entrée des temples afin de convertir les pièces étrangères à l'aide d'une balance, moyennant « une cote ». C'est cette exploitation des fidèles que la colère de Jésus frappa à coups de pied! Une situation similaire en Allemagne poussa Luther à protester contre l'achat du pardon pour ses fautes par les riches (1517). Les pécheurs versaient de l'argent sonnant à l'Église en échange d'une « remise de peine ». Par ailleurs, les temples comme celui de Delphes exigeaient de l'argent ou de l'or pour sonder l'avenir. Plus un temple était près d'un centre, plus son service était coûteux. Imaginez la richesse des temples dans une Rome surpeuplée de citoyens superstitieux.

**Martin Luther (1483 — 1546)**

Il défia l'autorité papale en tenant la Bible pour seule source légitime d'autorité religieuse. Selon Luther, le salut de l'âme est un libre don de Dieu, sans intercession possible de l'Église. Il fut excommunié le 3 janvier 1521. Grâce à l'imprimerie inventée par Gutenberg, sa traduction de la Bible en allemand rapprocha le peuple des Saintes Écritures et eut un effet culturel en permettant la large diffusion d'un standard de la langue allemande. Les six grands principes sont :

1) La valeur d'une personne ne dépend que de l'amour de Dieu, et non de ses qualités, ni de son mérite, ni de son statut social.

2) La foi se fait à l'occasion d'une rencontre personnelle avec Dieu, en Jésus-Christ. Chacun la vit de manière particulière, comme sa réponse à la déclaration d'amour de Dieu.

3) La Bible est la seule autorité théologique et le seul guide pour la foi et la vie.

4) Il n'y a que Dieu qui soit sacré, divin ou absolu.

5) Les institutions ecclésiastiques sont des réalités humaines, elles peuvent se tromper.

6) Chaque baptisé est « prophète, prêtre et roi » sous la seule seigneurie du Christ.

Ce besoin d'absolu manifesté dans la construction des temples perdure en dehors des pratiques religieuses. Dans un livre accessible intitulé *L'argent*, l'économiste John Kenneth Galbraith remarquait que les premières banques américaines affichaient un austère classicisme et étaient construites sur des terrains de premier choix. Demander aux citoyens de placer leur or au même endroit et dans les mains de banquiers inconnus d'eux ne plaisait guère aux citoyens étasuniens qui, les premiers, firent l'expérience des « billets de banque ». De célèbres attaques de train ou de banque ont été romancées en films. C'est pourquoi les premières banques, tout comme les maisons mères de nos jours, affichent une architecture grandiose qui rappelle tout autant le temple antique par leurs colonnes que les forteresses par leurs portes de métal aux dimensions démesurées. D'ailleurs, soulignait Galbraith, l'épaisseur visible des coffres n'avait d'autre utilité que de rassurer les déposants. C'est la serrure qui fait la différence.

### John Kenneth Galbraith (1908 – 2006)

Économiste canadien et américain, il a été le conseiller économique de Roosevelt, Kennedy et Johnson. Il a publié un livre touchant, *La Pauvreté de masse*.

Après une thèse d'économie agricole, Galbraith devient professeur adjoint à l'Université de Princeton en 1934. À partir de 1940, il est employé par le gouvernement fédéral américain pour contrôler les prix pendant la Seconde Guerre mondiale. John F. Kennedy le nomme ambassadeur en Inde (1961-1963). Galbraith va d'ailleurs critiquer fortement la politique de dérégulation menée par Ronald Reagan et l'intégrisme économique par son ennemi Milton Friedman. Auteur de très nombreux livres et articles, il est l'économiste le plus lu du XXᵉ siècle.

Galbraith critique la théorie néo-classique de la firme, la souveraineté du consommateur ainsi que le rôle autorégulateur du marché. L'économie universitaire retiendra surtout du travail de Galbraith les notions de « filière inversée » (ce sont les entreprises qui imposent des produits aux consommateurs, et non l'inverse) et de technostructure (dans *Le Nouvel État industriel*, il explique que ce ne sont plus les détenteurs de capitaux qui prennent les décisions, mais des « gestionnaires » qui s'imposent par leurs connaissances technologiques et organisationnelles).

Universités et parlements sont des substituts des savoirs-pouvoirs religieux. L'Université de Montréal (face nord du mont Royal), tout comme le parlement à Ottawa (la colline parlementaire) sont construits sur des hauteurs et affichent l'équivalent d'un clocher. Ils sont garants du Savoir, de l'Ordre et de la Sécurité. Les centres bancaires et administratifs autant que judiciai-

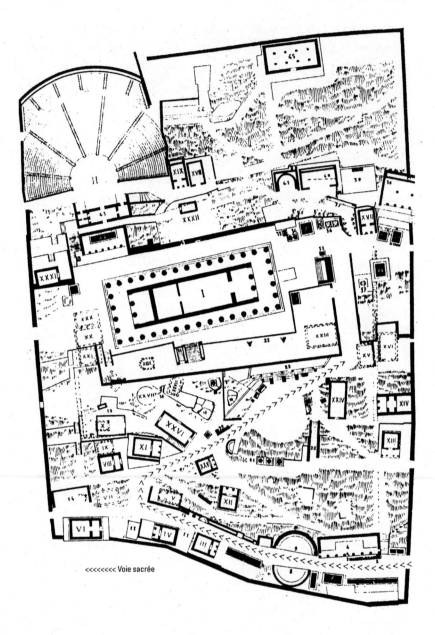

<<<<<<<< Voie sacrée

**Sanctuaire d'Apollon à Delphes**

I - Temple d'Apollon ; II - Théâtre ; III à XXXI - Bâtiments où étaient gardés les trésors du temple ; 1 à 45 - Statues et autres objets offerts au temple.

res et militaires manifestent par leur architecture imposante un besoin de grandeur et de sérieux aux dimensions surhumaines. Ce sont des édifices grandioses, avec de larges portes et hall d'entrée, dont l'accès est réservé aux élus. Un juge sera d'autant plus respecté (et en conséquence la loi appliquée) s'il siège en hauteur. Les prêtres catholiques n'eurent jamais plus de pouvoir que quand ils prêchaient du haut de leur chaire au sein d'églises imposantes. La popularité fulgurante du nazisme en Allemagne au début des années 1930 n'est pas étrangère au soin mis par les dirigeants du parti social-démocrate à créer des édifices, des uniformes, des sectes de pouvoirs et de projets grandioses. (Le film d'époque *Zeitgeist* (l'esprit du temps) de Leni Riefenstahl (1902-2003) est éloquent sur le sujet.)

La hiérarchie bureaucratique dans les édifices administratifs affiche le pouvoir de l'occupant par le volume du local et la splendeur du mobilier. Plus la fonction est prestigieuse, plus croissent les meubles, l'espace, le nombre de portes à franchir et d'étages à monter. Le citoyen moderne demeure sensible aux uniformes et à l'architecture grandiose. La réduction à l'échelle humaine des banques, églises et tribunaux est un facteur non négligeable de la perte de respect et confiance envers ces institutions dans nos sociétés industrielles.

 Ce n'est que soixante-dix ans après l'arrivée de Jacques Cartier que Samuel de Champlain fonde Québec en 1608. Un fort, un parlement, un séminaire et une église sont construits. Le gouverneur, la milice, l'évêque et les enseignants religieux assureront la protection de l'âme et du corps des citoyens, ainsi que la perpétuation et la propagation des coutumes françaises.

*Nina vit un des jeunes chasseurs arriver. Après avoir regardé autour, il repartit en courant. (…) Enfin la tribu arriva. Un autel de pierres fut construit…* L'autel de pierres satisfait l'usage attendu d'une installation qui communique avec le divin. Brûler plus d'une centaine de kilos de viande alors que la tribu est en arrêt de chasse est un acte insensé au regard profane.

Caïus Julius Caesar Octavius Augustus, dit Auguste, fut le plus grand empereur romain, plus que Jules César. À sa mort, on prétendit Auguste devenu un dieu. Il régna quarante-cinq ans au cours desquels il réforma l'empire. Dans la Rome d'Auguste, plus de deux cents cultes religieux officiaient dans le respect le plus scrupuleux de leur tradition respective. Rome était sous la protection des dieux, de tous les dieux. Sauf un. C'est sous le règne d'Auguste qu'un obscur révolutionnaire fut condamné à mort et crucifié en Galilée, terre lointaine. C'est dans un empire chancelant que le mythe chrétien fit son entrée à Rome quelques siècles plus tard, imposant sa foi à ses conquérants. Si Auguste avait su...

Koubilai, petit fils de Gengis Khan, reçut le titre d'empereur des Mongols à quarante-six ans et fonda la dynastie des Yuan. Il lui fallut quinze ans pour achever sa conquête de la Chine. Jusqu'à sa mort en 1294, il conserva dans son conseil un moine bouddhiste et un prêtre chrétien (nestorien). Au sujet des dieux, l'empereur se fit aussi prudent que dans la gestion de ses affaires terrestres. Chaque fois qu'il prenait une décision d'envergure, Koubilai demandait aux prêtres de son conseil : « votre dieu sera-t-il irrité par ma décision ? »

À titre de station émettrice et réceptrice, *le temple concrétise et entretient un pacte conclu avec les forces divines.* Une entente préservée dans un mythe et des cérémonies rituelles. Le contrat comporte deux volets. Le premier concerne le paiement exigé, le second les avantages obtenus.

Le paiement (*upload*) consiste à céder ou adopter des objets, des comportements, des habitudes, des vêtements ou de la nourriture. Interdiction de manger du cochon, diète durant le ramadan ou le carême, la messe hebdomadaire et la dîme chez les catholiques, les prières quotidiennes des musulmans, le végétarisme et l'interdiction de tuer les animaux chez les bouddhistes, la tenue vestimentaire et les cheveux chez les sikhs et les juifs hassidiques ou encore l'interdiction d'utiliser des technologies chez les amish et les quakers. Voilà autant d'exemples de « coût » associé à l'obtention de la clémence divine.

**L'autre versant du ramadan, août 2010**

Je me méfie toujours des histoires ramadanesques où l'on s'évertue à nous chanter les louanges d'un mois sacré voué à l'élévation de l'âme, à la tolérance et au respect des autres. (…) Cependant la réalité a été tout autre et continue de l'être. (…)

J'aurais tellement voulu vous dire que, pendant ce mois, la productivité augmente et que les agressions et les violences baissent. C'est bien tout le contraire qui se produit. (…) les accidents du travail augmentent de 150 % par rapport aux autres mois de l'année, les urgences médicales de 300 %, les disputes et blessures de 400 %, les accidents de la circulation de 42 % (..) le nombre de femmes et enfants battus de 120 %. (Djemila Benhabib)

L'assurance (*download*) porte surtout sur le succès des opérations quotidiennes : fertilité, santé, protection contre les intempéries ou les ennemis, abondance de gibier ou de récoltes. Des femmes et des femelles mal nourries seront temporairement stériles, un mécanisme de protection. C'est pourquoi les épouses royales dans des contrées pauvres étaient si grasses. Leur corpulence témoignait de l'aisance de leur maître. Une terre cultivée qui ne rend pas le fruit d'un dur labeur ou est dévastée par des insectes, des habitations qui seront rasées par un raz-de-marée ou un tremblement de terre sont des menaces décourageantes que l'humanité a redoutées durant des siècles.

Si le monde moderne nous soulage de bien des maux, nos préoccupations demeurent les mêmes. Elles concernent l'argent, l'amour, la santé et la réussite de nos entreprises. Combien de personnes que vous connaissez consultent la rubrique astrologique du journal qu'ils lisent ? De quoi parle ce genre de chronique ?

Encore une fois, il faudra s'imprégner de l'existence des primitifs pour saisir le vif de leurs inquiétudes. En l'absence d'une science médicale, une banale coupure peut devenir fatale. Soigner une dent cariée n'est pas une mince affaire sans instruments adéquats. Que faire en cas d'appendicite ou d'un os cassé ? Être malade se range parmi les grands malheurs qui menacent l'humanité. Près du tiers des nouveau-nés n'atteignaient pas le stade adulte au début du vingtième siècle, et ce, dans les pays industrialisés. Quand on demande aux gens du tiers-monde ce qu'ils envient le plus à l'Amérique du Nord, c'est sa médecine.

**Cyberpresse, Montréal, novembre 2009**

Après plusieurs jours de chaos dans les centres de vaccination, le ministre de la Santé a lancé un appel au calme samedi. Malgré un ralentissement dans la production du vaccin contre la grippe A (H1N1), il a réitéré que toutes les personnes qui souhaitent être vaccinées le seraient d'ici Noël. En raison du faible nombre de doses offertes et de la popularité inattendue de la campagne de vaccination, le ministre a rappelé l'importance de respecter l'ordre de priorité fixé par le gouvernement. (Daphné Cameron)

La « police d'assurance » garantit que sur un territoire qualitativement détaché de l'autour, les jours à venir satisferont l'espoir d'une vie normale pour une période donnée. Cet espoir est une habitude de vivre qui s'est imposée dans le passé, le temps d'un « monde », d'une année ou d'une génération. Une fois cette assurance acquise, nous vivrons dans un monde ordonné, stable et protégé : *notre* territoire.

Tout citoyen de la Nouvelle-France sera protégé et pourra vivre et prospérer en sécurité s'il respecte les lois et coutumes, paie ses impôts et se comporte en bon catholique. Cette protection dut être redéfinie quand Québec fut prise par les Anglais.

*Un autel de pierres fut construit, sur lequel la première bête tuée fut sacrifiée. Sentant l'odeur de la viande brûlée...* La bête sacrifiée explique pourquoi Nina doit se cacher, sinon c'est elle qu'il faudrait sacrifier. La fumée qui monte matérialise le cordon ombilical qui lie le territoire au monde des Dieux. Toute la chair « part en fumée », il s'agit bien d'un sacrifice, le paiement au Dieu des terres.

*La protection du Dieu était renouvelée.* En échange du sacrifice et de la préservation du rituel, la tribu de Nina jouira d'un terrain de chasse. Rien n'indique les dimensions ou les limites de ce territoire. La capture de gibier étant loin d'être assurée quand on manie des armes rudimentaires, il est raisonnable de penser qu'une assurance de chasse fructueuse est incluse dans le contrat.

## Un art de vivre

Un espace consacré contient des informations sur le terrain, l'écoulement du temps et les coutumes. Quiconque a voyagé sait que dans d'autres pays, on ne s'adresse pas de la même manière aux gens, on ne parle pas forcément à qui on veut. Il peut y avoir un ton à prendre, une manière d'engager la discussion, une distance à maintenir, attendre qu'on vous parle, etc. Il existe des manières de saluer, une hiérarchie des saluts. Il existe un horaire des repas, une tradition culinaire, des manières de tables et tant d'autres conventions dont nous oublions l'existence dans nos vies parce qu'elles sont considérées *comme normales*. Celle qui me vient toujours à l'esprit est la conduite à gauche en Angleterre.

Voici un cas fictif. Des cyclistes canadiens vont s'entraîner à grimper dans les Pyrénées, dans le sud de la France. Sur la carte qui trace leur route, ils croiseront dans un sens les monastères de Saint-Pierre, Saint-Michel et Saint-Gabriel, à l'inverse dans l'autre. L'un des cyclistes fait remarquer aux autres qu'il serait préférable de débuter par des pentes abruptes pour profiter plus souvent de descentes en fin de parcours. Dans quel ordre doivent-ils passer les monastères ?

Il faut débuter du côté de saint Pierre, le plus élevé dans la hiérarchie chrétienne, suivi de l'archange Michel. Les monastères devraient manifester la hiérarchie céleste par une difficulté d'ascension conséquente. À Montréal, ma ville natale, l'oratoire Saint-Joseph est situé sur le mont Royal. Depuis la montagne, allant vers l'est, une crête faiblit jusqu'à un pic avant de disparaître. Le boulevard qui longe la crête côté nord se nomme « Rosemont ». Le pic à l'est se situe à l'intersection de Rosemont et… Saint-Michel, où on trouve une église. La plus grande église orthodoxe se situe à l'extrémité ouest de la crête, au pied de la montagne. L'église chrétienne traditionnelle est une croix couchée par terre dont la tête pointe normalement vers Rome. C'est le cas de l'oratoire Saint-Joseph à Montréal.

Marcel Pagnol et Marcel Proust, deux écrivains français du début du 20ᵉ siècle, ont fait remarquer que dans la campagne française, on voit toujours la pointe d'un clocher et on entend toujours sonner l'heure, peu importe où l'on est. Tout catholique sachant reconnaître les clochers de sa région pourra se guider et connaître l'heure par intervalles.

## La grille et l'arpenteur

Comme avec le roman et le théâtre (pour illustrer le lien entre rituel et mythe), nous pouvons utiliser une analogie afin d'imager le rapport entre un mythe et l'espace qu'il ordonne par consécration. Un « plan cartésien » est simplement une grille avec un centre étiqueté (0,0) ou (1,1). Cette grille théorique est incassable, inusable, sans poids, couleur ou épaisseur ; sans imperfections ni matériau ou prix de vente. Elle existe par exemple dans l'esprit de l'arpenteur qui veut installer un réseau de rues droites.

Le point central, projeté par terre, pourrait correspondre à l'intersection d'une rue principale, sur l'axe nord-sud, et d'une avenue principale, sur l'axe est-ouest. On pourrait simplement numéroter les rues et avenues au lieu de les nommer. On parlerait par exemple de l'intersection de la 23ᵉ nord et de la 40ᵉ ouest.

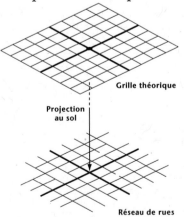

Grille théorique

Projection au sol

Réseau de rues

Si la grille théorique est éternelle, le réseau routier se détériore. De temps à autre, il faudra le rajeunir. Un rituel de « remise à jour » de l'ordre passé sera exécuté. Où dans le temps existe la grille théorique ? À l'origine, hors du temps.

## L'ARBRE QUI RAISONNE

 Le totem (et l'animal totémique) est une tradition amérindienne. C'est une autre forme de « grille ». Il s'agit d'un tronc d'arbre dans lequel des figures ont été sculptées et peintes. Il agit en axe central et en mémoire de l'organisation sociale. Un exemple fictif suffira à illustrer les fonctions du totem.

Imaginons un totem fait de quatre figures, soit une tête de loup, une poule, un épi de blé et un croissant de lune, de haut en bas dans l'ordre. L'assemblage constitue un système d'accouplement pour faire circuler les gènes selon la double opposition homme dominant / femme dominée. Un homme du clan des loups épousera une femme du clan des poules. Le loup mange la poule, donc la domine. Un homme du clan des poules épousera une femme du clan des épis de blé, et ainsi de suite. La pousse du blé étant associée au cycle de la lune et l'astre nocturne fait hurler les loups, ce qui tient lieu de rapport de dominance. Les figures de clan pourraient spécifier l'occupation principale des membres. Le clan du loup pour la chasse et la guerre, celui de la poule pour l'élevage, le blé pour la culture et les herbes, et enfin la lune pour les gardiens et la magie.

En conclusion, l'ordre dans un espace consacré demeure souvent invisible au profane, inapte à décoder les signes. Même principe avec l'état d'esprit. Si vivre près du centre est sécurisant, s'en éloigner équivaut à une perte de « normalité ». Pour l'habitant d'une vaste métropole comme New York ou Paris, une petite ville comme Montréal donnera l'impression d'un manque de vie « réelle ». Par contre, si vous aimez le contact avec la nature, un sentiment de perte grandira en proportion de la masse urbaine.

(De nombreux scénarios de films, surtout d'horreur, s'appuient sur ce sentiment que, hors de chez soi, tout peut survenir. Deux oeuvres de 1972, *Duel* de Steven Spielberg et *Délivrance* de John Boorman.)

Maintenant que nous sommes fermement établis, comment savoir si les Dieux continueront à nous protéger ? On ne renouvelle pas une police d'assurance comme on la contracte. Renouveler exige plus simplement de « revenir à la case départ » et de « remettre les compteurs à zéro ».

### Bartolomé de Las Casas (1474 – 1566)

Son père et son oncle ont participé au deuxième voyage de Colomb. Resté ami avec les fils de Colomb. Bartolomé part à son tour, en 1502, pour le Nouveau Monde. Il a 28 ans. En 1503, il obtient une propriété sur l'île d'Hispaniola (Haïti). Il devient prêtre en 1510, le premier ordonné au Nouveau Monde.

Bartolomé entend Antonio Montesinos dénoncer les injustices dont il est lui-même témoin : « la voix qui crie dans le désert de cette île, c'est moi, et je vous dis que vous êtes tous en état de péché mortel à cause de votre cruauté envers une race innocente ». Bartolomé s'engage dans une lutte de cinquante ans.

Il y avait plus d'un million d'Amérindiens en 1492 dans les îles, il en reste 16 000 en 1516 selon l'homme d'Église. Las Cavas rédige un plan de réformes où il prône en particulier la réglementation du travail, la fin des travaux forcés et la destitution des administrateurs en place. Nommé « procureur et protecteur universel de tous les Amérindiens en 1516, il est à la tête d'une commission d'enquête dont les membres se laissent influencer par les colons et rejettent Las Casas, l'accusant de ne pas voir l'intérêt économique de la politique actuelle.

En 1517, le prêtre rentre en Espagne pour se justifier. En 1519, devant l'empereur Charles Quint, Las Cavas gagne un débat qui l'oppose à l'évêque Queredo sur le sort des indigènes. Certes, les natifs des Îles sont soit morts, soit esclaves. Mais Bartolomé ne veut pas que le phénomène se reproduise sur le continent.

En 1520, à force de pressions, il obtient 200 lieues autour de Cermana et promet de pacifier 10 000 indigènes en 10 ans. Mais il ne peut joindre son territoire, perd ses paysans qui deviennent chasseurs d'esclaves. Les nombreux massacres faits par les conquistadores rendent toute évangélisation impossible. Des frères franciscains ont été massacrés lors d'une révolte indigènes.

Cet échec le perturbe. Il revient en Espagne, devient Dominicain en 1522 et, à 48 ans, s'enferme au monastère dans un silence de neuf ans. Il rédige « De Unico Modo », qu'il enrichit en 1537 de la bulle du pape Paul III « Sublimis Deus » qui proclame l'humanité des Indiens et leur aptitude à recevoir la foi chrétienne. En 1537, à la cour, les colons sont mis en cause par toute l'Église à la suite de la promulgation de la bulle *Sublimis Deus*.

Devant cette levée de boucliers, les colons défient Las Casas d'évangéliser un territoire non conquis où seuls les religieux sont autorisés. En deux ans, quatre chefs de tribu sont baptisés. En mars 1540, Las Cavas retourne en Espagne pour recruter de nouveaux missionnaires. À son arrivée, Charles Quint est en Flandres.

Il écrit la *Brevísima relación de la destrucción de las Indias*. Il y présente les cruautés dont sont victimes les indigènes. La France ou l'Angleterre vont nourrir leur haine de l'Espagne en argumentant sur les dires de Las Casas. Le 26 janvier 1542, Las Casas est introduit auprès de Charles Quint. L'empereur est indigné par le résumé de la « Brevissima » et réforme le Conseil des Indes. En novembre 1542 sont rédigés les « lois Nouvelles » qui proclament la liberté naturelle des Indiens, la remise en liberté des esclaves, et punissent ceux qui seront violents ou agressifs envers les Indiens. La nouvelle de la parution de ces lois provoque des révoltes au Nouveau Monde. Une guerre civile éclate au Pérou, des Espagnols rentrent sur le vieux continent. Oubliés par les réformes, des Noirs se révoltent.

Le prince héritier Philippe, 19 ans, chargé du royaume en l'absence de son père, est entouré d'opposants à Las Casas. On propose au prêtre un nouvel évêché au Chiapas, dans le sud du Mexique. Le climat est dur, la population est pauvre mais les plantations prospèrent. Bartolomé accepte ce poste pour y appliquer ses lois nouvelles. En 1544, à son arrivée au Mexique, il est très mal accueilli et doit se réfugier chez les Franciscains. À son arrivée au Chiapas, le 12 mars 1545, il demande en vain la libération de tous les esclaves et menace d'excommunier les colons. En 1546, les lois sont abrogées. Devant l'hostilité dont il est victime au Nouveau Monde, Bartolomé retourne définitivement en Espagne, à l'âge de 63 ans, pour continuer le combat depuis le Vieux Continent.

Il s'installe au couvent dominicain de Valladolid où il mène une vie de recueillement, de silence, de travail et de prières. Sous l'influence de son précepteur Sepúlveda, le prince Philippe se désintéresse de la cause indienne au profit de celle des colons et des fonds substantiels qu'ils rapportent.

Selon Sepúlveda, la guerre est juste lorsqu'elle est ordonnée par l'autorité légitime, faite pour une juste cause et inspirée par une intention pure. Les indigènes sont des idolâtres qui commettent les pires crimes, ils sont de nature inférieure et donc appelés à être soumis à des hommes plus évolués, les Espagnols.

Un débat va opposer Bartolomé de Las Casas et Sepúlveda en deux séances d'un mois chacune (l'une en 1550 et l'autre en 1551) au collège San Gregorio de Valladolid. Il réunissait théologiens, juristes et administrateurs du royaume, afin que, selon le souhait de Charles Quint, il se traite et parle de la manière dont devaient se faire les conquêtes dans le Nouveau Monde, pour qu'elles se fassent avec justice et en sécurité de conscience. Il s'agit de la controverse de Valladolid.

La question était de savoir si les Espagnols peuvent coloniser le Nouveau Monde et dominer les Indiens par droit de conquête, cela pouvant mettre fin aux civilisations précolombiennes. L'humanité des Indiens, l'existence de leur âme n'ont jamais été l'objet du débat (le pape Paul III l'avait affirmé) puisque Sepúlveda concédait devoir les évangéliser et ne parlait pas de leur « péché d'idolâtrie ».

Las Casas est favorable à l'application de la philosophie de saint Thomas d'Aquin selon laquelle toutes les sociétés sont d'égale dignité; une société de païens n'étant pas moins légitime qu'une société chrétienne. De plus Las Cavas souligne que nous n'avons pas le droit de convertir de force, la propagation de la foi devant se faire par l'exemple.

Sepúlveda considère les cas de sacrifices humains, d'anthropophagie, d'inceste royal, pratiqués dans les sociétés précolombiennes. Il justifie la conquête par ses bienfaits. Les indigènes doivent être mis sous tutelle car lorsqu'ils se gouvernent eux-mêmes, ils violent les règles de la morale naturelle. De plus, il faut empêcher le cannibalisme et d'autres conduites antinaturelles que les Amérindiens pratiquent.

Les deux partis au débat se proclament vainqueurs. Jusqu'à sa mort en 1566, à 92 ans, Las Casas apparaît comme le médiateur privilégié de tous ceux qui, aux Indes, cherchent à modifier le statut de l'Indien et à arrêter l'extermination. Le souci sincère de Bartolomé de las Casas d'épargner les Amérindiens a paradoxalement favorisé la traite des Noirs vers l'Amérique. Un des hommes les plus controversés de son temps, il est l'un des plus reconnus du nôtre.

# IV

## ESPÉRER TOURNER EN ROND : LE TEMPS RETROUVÉ

### SAVOIR MOURIR À SOI

L'évolution fulgurante des technologies et de notre espérance de vie — passée de moins de 40 ans à près d'un siècle — nous fait rêver d'avenir. Qu'importe le passé, c'est le futur qui nourrit nos espoirs d'une vie meilleure. Chaque époque concocte sa formule magique, son élixir de jouvence. En ce début de millénaire, ce sont les banques d'organes en surplus ou la greffe de cellules souches qui pourraient prolonger notre vie des siècles durant. Personne ne veut parler sérieusement de la mort, surtout avec son médecin. (Neil Gaiman, créateur de *Sandman*, n'imaginait rien d'acceptable pour personnifier *Death*. L'ami à qui il confiait ce trouble lui suggéra la serveuse du restaurant, qu'il trouvait jolie.)

L'homme primitif a compris très tôt le caractère inévitable de la mort. Il a senti le besoin de comprendre le rôle de cette fatalité, d'en rationaliser l'existence. Les philosophies et les religions ont permis de réduire la peur de disparaître en proposant une raison d'être à notre mort. Cette seule utilité suffirait à justifier la présence de rites funéraires dans toutes les sociétés connues.

En parlant de ma vieille automobile, le garagiste venu la remorquer avait dit : « Elle a fait son temps ! » Un biologiste peut nous expliquer pourquoi, à la suite de l'usure du corps, nous allons mourir. L'usage normal de l'organisme causera à long terme une malfonction qui entraîne irrémédiablement l'arrêt de l'activité métabolique. Il s'agit de « l'espérance de vie ». Pourquoi l'organisme doit-il s'user ? La biologie est encore moins apte à expliquer comment nous « vivrons » la mort. La science du biologiste serait impertinente à nous expliquer pourquoi il faut naître « mortel ».

### Siddhârta Gautama (v. -624 – v. -544)

Le jeune prince étudie les lettres, les sciences et les langues. Il s'initie à la philosophie, monte à cheval, tire à l'arc, combat avec la lance, le sabre et l'épée. Il épouse sa cousine qui lui donnera un garçon. Le prince s'ennuie dans le palais et entreprend un jour une promenade déterminante hors du domaine familial. Siddhârta croise un vieillard, un pestiféré, un cadavre puis un moine affamé. Ces rencontres le sidèrent. Il faut savoir qu'en Asie il était coutume de soustraire à la vue de la famille royale tout être difforme, laid ou usé.

Si sa condition de noble le met à l'abri du besoin, comprend le prince, rien ne le protège de la maladie, de la vieillesse et de la mort. Siddhârta quitte les siens pour chercher la voie du salut. Il entreprend une vie d'ascèse et se consacre à des pratiques méditatives austères qui ne lui apportent rien. Il se concentre alors sur la méditation, inspiré par un instant de concentration spirituelle ressenti dans l'enfance. Siddhârta prend place sous un arbre, faisant vœu de ne pas bouger avant d'avoir atteint la Vérité. Il accède ainsi à l'éveil puis entreprend d'instruire ses semblables, une fois parvenu à la compréhension des causes de la souffrance humaine et des étapes nécessaires à son élimination. Il affirme pourtant n'être ni un dieu, ni le messager d'un dieu ; l'illumination est accessible à tous.

Durant les quarante-cinq dernières années de sa vie, Siddhârta voyage, enseigne sa pratique méditative et fonde des communautés de moines et de nonnes. Les écrits bouddhistes soulignent la clarté de son enseignement, son courage et sa sérénité, ainsi que sa modération dans tous les appétits corporels.

Certains athées restent sidérés en apprenant qu'en gros neuf personnes sur dix croient en la présence du divin, de la vie après la mort, ou en l'existence d'activités paranormales. Si le sentiment religieux, surtout sa pratique ritualisée, a subi un certain recul dans les sociétés industrielles, c'est que *son utilité s'est estompée*. Non seulement avons-nous refoulé les limites de la vie et conçu des technologies à faire rêver d'immortalité, nous avons aussi grandement adouci nos conditions de vie. La cosmétique et la chirurgie esthétique ont effacé les signes de la vieillesse. Les médias ont retiré toute visibilité aux vieux. La mort et ses signes ont été éradiqués de *Planet Hollywood.*

Le monde du prêt-à-jeter-recyclé, l'usage d'abondantes mémoires conservant le passé, et la pauvreté des liens familiaux ont transformé la vieillesse en embarras dont les hospices pour vieux constituent les « débarras ». Nous vivons avec des oeillères, à la manière du jeune Bouddha.

### Chroniques du Plateau Mont-Royal, 2009-2010

Marie ! Mon grand amour. Je l'avais devinée au coin d'une rue, de dos, à sa chevelure noire abondante. Depuis le temps que je ne l'avais revue. J'allais la héler quand une douleur de lucidité m'a figé sur place : Marie est morte depuis deux ans.

On m'avait annoncé son décès un 6 juin, le jour de sa fête. J'avais croisé son beau-frère par hasard, un mois après sa mort. Durant l'hiver précédent, l'étrangeté d'un rêve m'avait réveillé. Marie m'appelait à son chevet, se mourant d'un cancer. Nous nous étions perdus de vue. J'avais tenté de la contacter, mais elle avait changé d'adresse et de numéro de téléphone, comme moi. J'ai laissé tomber. Un rêve est si facile à discréditer.

Plus jamais je ne la reverrais. Une aussi brutale prise de conscience m'a fait saisir l'essence de la mort. Le « plus jamais » la rend amère. Il faudrait mourir aussi vide de désir qu'un Bouddha.

*Le temps qui fuit chaque jour est la durée profane de chaque être*, de sa naissance à sa mort. Mis à part l'instant présent, ce temps n'est plus que du passé. Aussi puissant que soit le pouvoir divin à protéger un territoire, il demeure que notre monde terrestre est le lieu des choses périssables. Si des individus continuent de naître, les morts, eux, le demeurent à jamais. Le monde terrestre pourrait-il disparaître en totalité ?

Une histoire au sujet de Vishnu, puissante divinité hindouiste, m'avait fort impressionné. Elle concernait la notion de « kalpa », une unité de mesure du temps correspondant à un « souffle » de Vishnu. Prendre conscience de la grandeur de cette durée permet de saisir le gigantisme inconcevable du dieu. Le récit servait à imager la durée d'un kalpa. Je reformule.

## L'entropie

L'entropie mesure le désordre (Boltzmann). Le premier principe de la thermodynamique affirme que l'énergie ni ne se crée ni ne se perd. Le deuxième principe parle d'évolution. Il stipule que toute transformation réelle s'effectue avec une augmentation du désordre global. Sans apport extérieur d'énergie, l'entropie croît en système fermé. Plus l'entropie d'un système est élevée, moins ses éléments sont ordonnés et capables d'effectuer un travail mécanique ou chimique ; plus grande est la part de l'énergie dissipée en chaleur. Les transformations d'état sont irréversibles à cause du frottement. Le système ne peut jamais spontanément revenir en arrière. L'énergie perdue sous forme de chaleur contribue à l'augmentation du désordre global. Ainsi, la pluie qui tombe exerce un travail mécanique d'érosion au sol. Mais l'eau ne remontera pas dans l'air d'elle-même. Il faudra un apport extérieur d'énergie, la chaleur du Soleil, pour que l'eau s'évapore.

Shannon a appliqué le principe d'entropie à la théorie de l'information. Plus une situation est désordonnée, moins on peut la résumer. Supposons 4 pièces de monnaie alignées, toutes côté « face ». La position de départ peut être décrite parfaitement par « tous face ». Les pièces pouvant changer de côté à cause d'un système de vibrations, avec le temps, la situation qui reviendra le plus souvent sera « 2 piles, 2 faces ». Mais pour décrire parfaitement la situation, il faudra beaucoup plus d'informations, car il existe 6 cas différents d'alignements où la moitié des pièces sont « face ». C'est le cas maximal d'entropie informationnelle.

La néguentropie (Schrödinger) s'oppose à l'entropie. Elle explique la possibilité de complexité des systèmes biologiques et sociaux. La néguentropie ne s'applique qu'à un système ouvert. La cellule vivante l'illustre bien. Toute vie tend à conserver une organisation, une structure et un fonctionnement grâce à la consommation d'énergie venant de l'extérieur. La cellule est un système « ouvert ». Plus globalement, la Terre est un système ouvert qui reçoit l'énergie du Soleil. Cette situation permet à la vie d'évoluer vers des formes toujours plus ordonnées (les codes génétiques sont toujours de plus en plus complexes). Mais le système solaire (ou l'univers) dans son entier perd constamment de la chaleur dans l'espace et se dégrade.

Chaque année, le premier jour de l'an, une colombe est libérée de sa cage. Elle s'envole jusqu'au sommet du massif de l'Himalaya pour y frotter une aile au sommet du plus haut pic. La colombe retourne ensuite dans sa cage. Il en sera ainsi chaque année jusqu'à ce que les frottements d'aile de la colombe aient rendu le massif rocheux aussi plat qu'un stationnement de centre d'achats. Alors Vishnu prendra un souffle.

Ce qui m'avait estomaqué dans cette histoire, outre la dimension inconcevable du temps, c'est que dans l'esprit des anciens Indiens, le massif rocher de l'Himalaya constituait un objet périssable.

## LA VIGNE DE LA VIE

Rien de mieux pour s'humaniser que de côtoyer la mort.
**Schopenhauer**

Une rose naît, éclot, s'ouvre, se fane puis meurt. Mais la mort d'une rose ne signifie pas la mort du « principe » dont chaque rose est la manifestation. Dans la vision primitive, une vie particulière n'a aucune importance pour elle-même. Chaque humain n'est qu'une manifestation du genre humain qui se perpétue depuis la création du premier homme. « Je » n'existe pas encore. C'est pourquoi l'histoire humaine est négligeable, comme tout héros d'un cycle donné. Les vies n'importent pas en elles-mêmes. Seul le héros mythique doit être conservé comme modèle à personnifier. Ainsi « césar » est devenu un titre ; « kaiser » pour les Allemands, « tsar » pour les Slaves.

La vision du monde sacré de nos lointains ancêtres s'oppose au regard de l'univers technologique moderne sur plusieurs points, mais en particulier au sujet de l'égoïsme. Les concentrations urbaines de la population favorisent l'accumulation de richesses. Le mode de vie qui en résulte engendrera une dépendance au confort matériel et suscitera une attitude individualiste opposée au don de soi nécessaire à solidifier les liens dans un groupe. Ce dénuement fut un combat fondamental de l'islamisme dans le désert.

Un exemple simple. Être professeur consiste à ouvrir sa boutique saisonnière, la classe, où l'éducateur distribue son savoir. D'une année à l'autre, les classes se remplissent d'élèves nouveaux, mais toujours les mêmes au fond. D'âge et de bagage académique similaires, ils sont aussi craintifs et curieux à propos du cours de philosophie que les élèves des années précédentes. Pour eux, la première semaine de l'année est leur toute première au collège. Ils vivent un moment unique, pas moi. Depuis vingt ans, j'en vois entrer et s'asseoir. Chaque nouvelle année scolaire, je dois donc renouveler mon émerveillement à enseigner. Un professeur qui débuterait l'année en classe en maudissant la nature répétitive de sa tâche afficherait un comportement égoïste, d'ailleurs incompréhensible à son auditoire. Il priverait ses élèves d'un don de soi fondamental à l'acte d'enseigner. (*Le jour de la marmotte*, un film étasunien de Harold Ramis, 1993, a brillamment illustré cette situation. Un reporter de télé désabusé revit incessamment ce même jour qu'il croit si important. Pourtant, sans le fardeau de la mort, cette journée inlassablement répétée devient un fardeau d'irresponsabilité. Il restera piégé ainsi jusqu'à ce qu'il découvre l'amour en tant que sentiment pour l'autre, non vers soi.)

Sans ce don de soi à la vie, rien ne persisterait. Le primitif acquiesce à cette nécessité de mourir pour perpétuer la vie en consacrant la durée à l'aide de rituels. Il rajeunit le temps des choses à la manière dont il rafraîchit l'espace, par une sacralisation. Le primitif ne peut se permettre d'attendre que quelqu'un lui dise, comme le garagiste à propos de mon véhicule, que la vie « a fait son temps ».

Voulant montrer que la vie échappait aux catégories inertes de la pensée, le philosophe Hegel avait souligné que chaque arbre contient des fruits et que chaque fruit contient potentiellement un arbre qui donnera des fruits et ainsi de suite. Chaque être contient la suite de tous les enfants qui seront engendrés à partir de lui et un « arbre » généalogique grandit à mesure qu'ils apparaissent.

En observant une suite des vies générée depuis une souche ancestrale, on remarque qu'une même « forme » d'individu se recrée sans cesse. Ainsi la vigne est constituée d'un petit segment qui se reproduit sans cesse à partir du précédent. Chaque morceau n'a d'importance qu'en tant que membre de la suite. (Dans le roman *Abattoir 5*, Von Konnegut jr envisage la vie d'un humain non pas comme un corps se déplaçant dans le temps, mais plutôt comme une suite de corps serpentant l'espace du temps, comme une vigne. Chaque être devient un ver dont un bout constitue sa naissance, l'autre sa mort. Chaque ver humain débute, mince fil, à l'intérieur de sa mère, et en sort à la naissance, demeurant près d'elle dans l'enfance. À chaque endroit où un humain revient souvent, sa résidence par exemple, le ver repasse sur lui-même. Quand un individu vit en couple, un autre fil se doublera au sien pour un temps. Enfin, de chaque femme peuvent jaillir de nouvelles tiges de vie, ses enfants.)

**Roxane S.**

(…) j'ai fait un voyage humanitaire au Nicaragua avec mon école secondaire. C'est à ce moment que tout a commencé à changer autour de moi et en moi. (…) j'ai vu des gens heureux. Ils vivent au jour le jour et savent beaucoup plus que nous qu'ils peuvent tout perdre du jour au lendemain. De retour au Québec, ma mère m'a demandé ce que je voulais pour Noël et (…) au fond je ne voulais rien. (…) je voulais être avec ceux que j'aime et leur faire savoir. (…) Les cadeaux ou objets que nous possédons ne sont en fait que de la matière qui ne nous apportera rien au bout du compte. On ne fait que s'encombrer d'objets (…) Je magasine beaucoup moins qu'avant. (…) Finalement, beaucoup plus de choses passent avant les biens matériels. Ça, bien peu de gens l'ont compris.

Lorsque vous avez parlé du concept « d'espérer tourner en rond », j'ai été vraiment touchée. Le fait de donner à quelqu'un ce qui t'a été donné de génération en génération m'a vraiment fait réfléchir. (…) Je pense encore au Nicaragua, à ma famille là-bas. Ils m'ont apporté beaucoup plus qu'ils ne le pensent. La peur de la mort n'est pas un phénomène de société comme ici. Ils vivent pleinement leur vie, sans penser que c'est peut-être leur dernière journée. (…) Ils n'ont rien côté biens, mais tellement plus côté valeurs et expériences de vie (…) Dans les pays industrialisés, la mort nous obsède. Tout est conçu pour l'éviter. On nous vend des crèmes miraculeuses, des pilules révolutionnaires et autres niaiseries inutiles. Peu de personnes comprennent que la mort est inévitable ou alors ils ne peuvent l'accepter. J'ai compris que c'est en transmettant nos valeurs et notre culture à nos enfants que nous pouvons accepter de mourir.

Concluons. Dans un monde où tout s'use, fécondation et naissance sont essentielles à la poursuite des cycles de vie. Sacraliser le temps suscitera les conditions favorables au renouvellement du cycle ou de l'année en régénérant l'élan vital.

# L'*ARKHÈS*: L'ORIGINE DES CYCLES TEMPORELS

Longtemps les prédictions des astrologues ne concernèrent que les personnes riches ou importantes. Peu de gens connaissaient le jour, l'année même de leur naissance, encore moins l'heure. En l'absence d'inscription officielle des nouveaux nés ou d'école obligatoire, l'âge d'un individu est une donnée approximative et peu utile.

Pourriez-vous préciser où vous étiez à la même date et à la même heure, l'an dernier, sans vous aider d'un calendrier et d'un rythme de vie régulier? D'autre part, peut-on se fier à la rumeur qui circule de bouche à oreille? D'un individu à l'autre, les faits s'enflent, la durée se compresse, endroits et noms se modifient. En l'absence de mémoires mortes et d'un calendrier précis, le passé et le passé du passé deviennent un même temps opaque.

Un exemple que j'utilise pour montrer comment le passé s'efface rapidement des mémoires est fondé sur l'exposition universelle tenue à Montréal en 1967. J'avais quinze ans alors. Je demande à mes élèves — nés après la chute du mur de Berlin — s'il était possible de se rendre à l'UQAM (université du Québec à Montréal) en métro en 1967. Chacun connaît la station Berri-Uqam, un point de jonction majeur au centre-ville. Certains savent que le métro fut construit en 1966 afin d'accommoder les visiteurs d'Expo 67. (Où il y eut un record d'achalandage, 57 millions de visiteurs, soit deux fois la population du Canada à l'époque.) Alors ils répondent: « oui ». Mais aucun ne sait que l'UQAM n'ouvrit ses portes qu'en 1969! Il est difficile à toute génération de concevoir que le présent, si vivace à leurs yeux, se résumera plus tard à quelques noms, dates et événements, mais pas forcément ceux auxquels nous pensons. « Aujourd'hui » semble toujours si important.

Si les années 1980 avaient été témoins de l'arrivée des miniordinateurs et de la reconnaissance du rétrovirus du Sida, c'est au début des années 1990 qu'eut lieu la dissolution du « bloc soviétique » et, avec lui, de l'antagonisme est-ouest qui avait scindé la planète en communistes d'un bord et capitalistes de l'autre. Il y eut la libération de Nelson Mandela, l'invasion des téléphones cellulaires, l'éclatement de la Yougoslavie et l'apparition d'Internet en 1995. Ce réseau informatique révolutionnait les modes de communication, d'information et d'achat sur la planète, promulguant tout « portable » au rang d'accessoire de base du citoyen planétaire. C'est pourquoi j'affirme que le vingt et unième siècle est né en 1990. Dans la dernière décennie du vingtième siècle, des transformations radicales de la société ont établi une manière de vivre « normale » pour les élèves de 2010. Aurait-on vécu alors un moment historique incomparable ? Du jamais vu ?

Les années 1880 virent l'invention du téléphone et l'installation d'un câble sous la mer reliant l'Europe à l'Amérique. En 1890 fut découvert le premier virus et fut construit le moteur à combustion, qui révolutionnait le transport maritime. Adapté à l'aviation, ce moteur bouleversera la manière de faire la guerre. Vers 1895 apparaît le cinéma. Il deviendra le principal divertissement en Amérique. En 1905, Einstein publiera ses conclusions au sujet de la relativité restreinte et l'année suivante sera mis en mer le premier sous-marin allemand, le U-Boat. Les premières demandes de brevets pour la transmission d'images par fils électriques et de projection cinématographique avec pellicule couleur se feront avant 1910. C'est déjà beaucoup de changements, direz-vous. Pourtant nous avons omis l'automobile. Elle permettra la création de banlieues urbaines et tout un mode de vie associé (qu'illustre le film étasunien *American graffiti* de Georges Lucas, 1973). L'électricité sera installée dans les grandes villes et une vie urbaine nocturne (Paris, la Ville lumière) apparaît pour la première fois dans l'histoire humaine. Des changements brusques dont les impacts se feront sentir entre 1900 et 1920.

Imaginez 1790 ! Quelqu'un né à cette époque a vécu au cœur d'événements historiques, telle la Révolution française. Imaginez. Tous les pouvoirs politiques en Europe composent avec une monarchie. Soudain, le pays modèle, la France, coupe la tête de son roi ! Événement aussi impensable que le serait le trucage d'une élection présidentielle aux États-Unis, symbole de la démocratie.

En quoi 1790 se différencie-t-il de 1690 ? De 1590 ? L'aspect vivace des événements persiste peu dans le temps, à part le rappel de dates, de noms et de lieux. Sans mémoires mortes (textes, photographies, films) pour raviver le souvenir, le passé devient un ensemble confus d'événements impossibles à dater. Pourtant, que vous soyez créationniste où darwiniste, il faut bien qu'un premier « humain » soit né quelque part à un moment précis. Ce moment de création n'appartient pas à l'histoire de l'humanité, mais amorce la narration de l'histoire humaine. Un récit qui se développera par « générations », reproduisant le cycle de la vie humaine.

Sans outils mémoriels et écriture pour aider notre mémoire, ne subsiste du passé, et du passé du passé, que des ouï-dire et les récits des personnes âgées. Il existe le présent des vivants et un passé « compressé » qui ramène à la première manifestation des choses, l'origine.

## Le temps d'origine : To

Il s'agit du départ du tout premier cycle, celui d'où proviennent tous les autres. Un moment où les événements narrés dans un mythe établirent ou normalisèrent une manière d'exister sur terre (la notion d'*arkhès* des vieux Grecs, la source originelle). Toute mémoire débute quelque part.

L'année actuelle est pour les chrétiens le nombre d'années écoulées depuis la naissance de Jésus, celui qui permit un monde de nouveau où la rédemption de tous devenait possible. Les Hébreux calculent depuis un passé beaucoup plus reculé, celui où Yahvé créa le premier homme. Ainsi le dix-huit septembre 2009 commençait l'an 5 570 de ce calendrier. Les musulmans ont un compteur plus récent. L'an 1 431 de l'hégire (plus courte, l'année ne comporte que douze lunaisons) débutait le dix-sept décembre 2009. La fuite de Mahomet, prophète qui révéla le vrai nom de Dieu, amorce l'histoire de l'Islam. Pour les « darwiniens », l'histoire de l'homme débute avec l'apparition des premiers *Homo Sapiens Sapiens*, il y a 20 000 ans.

Nous prendrons aussi l'exemple de la semaine et de l'année traditionnelles des catholiques pour illustrer les éléments temporels dans la sacralisation de la durée. La semaine commence le dimanche, « jour du Seigneur », où la messe rappelle le dernier repas de Jésus avec ses disciples (la dernière Cène). Voilà l'origine de la « communion » dominicale. Le début de l'année catholique est le dimanche de la résurrection du Christ mort sur la croix. Notons que jusqu'en 1564, le début de l'année était fixé au jour de Pâques en France.

Quant à la tribu de Nina, l'épisode du mythe où les ancêtres sont expulsés du domaine des Dieux décrit la découverte du premier territoire de chasse. Cette période s'achève quand les ancêtres abattent une première bête, acte qui scelle leur résidence. Voilà le modèle à imiter.

## ENTRETENIR LA ROUE DE LA VIE

Il existe un temps d'origine des choses, un passé lointain qui explique et normalise l'existence actuelle. Si les objets et les phénomènes terrestres ne sont que des copies d'une forme primordiale indestructible, elles perdent leur contenance à force d'exister concrètement. Il faut réactiver l'influence de la forme « hors temps » pour remettre de l'ordre sur notre territoire, pour redonner un élan à la vie saisonnière, ou assurer une descendance.

Les Grecs de l'Antiquité appelèrent « zodiaque » (vie=*zoè* + roue=*diakos*) la bande circulaire des douze constellations où passent le Soleil et la Lune. Chaque cycle annuel des saisons correspond à un parcours complet du zodiaque par le Soleil. Dans un monde où la Terre est fixe, il est naturel de concevoir dans le ciel une sphère mobile piquée de points lumineux qui tourne autour de nous. On comprendra alors à quel point l'inépuisable rotation de cette sphère a pu frapper l'imaginaire humain. Voilà le mouvement circulaire originel auquel chaque cycle terrestre emprunte sa vitalité. Quand le soleil entre dans le « signe » du Bélier (période où naissent les chèvres), c'est le signe du début du printemps. Un essor de vie devrait alors se manifester sur terre.

Si le principe vaut pour la nature en sa totalité, il ira de même pour chaque vie et chaque aménagement. Au mythe associé à tout rituel correspond la notion de temps originel. Quant aux rituels, ils serviront à faire la transition depuis le temps festif du cycle mourant jusqu'à fin du « temps de début » qui installe le cycle naissant. La mise en cycle met en jeu quatre « temps ».

### Temps de début : Td

Cette période de temps marque le départ d'un cycle donné, intervention devenue nécessaire pour renouveler l'ordre qui s'est estompé peu à peu avant de disparaître au cycle précédent. À titre illustratif, si une vie équivaut à un cycle, alors la période comprise de la fécondation à la naissance d'un enfant est le temps de début de sa vie.

La puissance créatrice doit être réactivée (célébrée) à un moment précis dans l'évolution de la durée profane. Au moment où s'épuise un cycle, un autre doit prendre la relève. De la même manière, à la fin de toute nuit, l'aube annonce un nouveau jour. Au départ, tout cycle est à l'écoute de son « moule ». Durant les célébrations qui marquent la naissance d'un nouveau cycle, le quotidien est mis en contact avec le passé, précisément celui du départ du cycle originel. Un contact ritualisé, proche de la pensée magique, qui ravive la vie et relance un cycle pour un nouveau « tour de piste », ce qu'on appelle une semaine, une vie, une année, un « cosmos » ou encore un « monde ».

Dans nos régions septentrionales, le printemps marque le début de l'année végétale et, le plus souvent, animale. Dans la pensée primitive, ce re-début est assuré parce qu'à l'origine une force divine est intervenue pour créer un premier printemps. La nature étant éphémère, des rituels forceront le contact entre la durée profane actuelle et le premier printemps, assurant l'arrivée d'un printemps normal. Si sur terre tout s'use, le pouvoir divin est disponible à répétition. La célébration religieuse va réactualiser l'événement fondateur hors temps, rendant à nouveau effectif le moule créé à l'origine. Voici des exemples.

Dans la semaine traditionnelle, le dimanche, premier jour, était consacré à la visite au temple, à la famille au sens large et au repos. Le dimanche de Pâques entreprend l'année par un repas faste (la fameuse dinde) après un long jeûne. Le retour à la vie du messie est la preuve que la mort a été vaincue encore une fois (sauf pour la dinde).

(*Easter* est dérivé du nom de la déesse Éostre qui était célébré à l'équinoxe de printemps, jour où le Soleil se lève exactement à l'Est (*East*). Eostre est associée à la déesse Ostara germanique (en allemand « Est » se dit *Osten* et Pâques *Ostern*), à la déesse romaine Aurora, à la déesse Éos grecque, à la déesse hindoue Ushas des appellations toutes dérivées de l'indo-européen « *Hausos* ». Dans les temps anciens, les Anglais utilisaient un calendrier lunaire. Les mois étaient appelés *Monath* (*month* en anglais, *monat* en allemand) dérivée de « *Mona* », la Lune (*Moon* en anglais, *Mond* en allemand). Le mois (romain) d'avril, qui suit l'équinoxe du printemps, était alors connu sous le nom de *Eostur-Monath* et consacré aux festivités de la déesse Éostre, mois correspondant à la période pascale avec laquelle il fut confondu.)

Chez la tribu de Nina, le rituel de quête de territoire imite la migration racontée dans le mythe. Une adolescente se substitue à la gazelle libérée par le Dieu des Terres. Le départ de Nina (équivalent d'une fécondation) marque le commencement du « temps de début » d'un nouveau cycle. Cette période fondatrice s'achève par le sacrifice rituel de la première bête abattue sur le nouveau territoire.

### Le temps normal : Tn

C'est l'écoulement de la durée profane dans un territoire normalisé. Du moment qu'un cycle démarre, la vie retourne à son cours et le temps tel que nous le connaissons s'écoule. Un temps d'usage, donc d'usure, de l'organisation et de la vitalité disponibles. C'est aussi le temps banalisé des équations en physique.

Poursuivons notre analogie avec le cycle des saisons. La végétation fleurit, les terres sont cultivées. L'été s'écoule, les fleurs flétrissent et, les semences récoltées, la vie perd sa vitalité avec le déclin du soleil et le refroidissement de l'air. L'automne survient, les feuilles jaunissent et tombent, l'année en cours se meurt. Pourquoi doit-il en être ainsi ?

Tout objet, toute vie, tout rangement, toute installation, toute décision, toute volonté, bref tout ordre s'érode avec le temps ; telle est la condition mortelle. Un exemple. La tradition de prendre des résolutions le jour du Nouvel An s'est-elle perdue ? Non, les centres sportifs en profitent toujours abondamment. Après les excès des fêtes, le début de l'année et l'été à venir stimulent le désir de « retrouver la forme ». L'an nouveau est l'occasion de « repartir à neuf » et les abonnements dans les centres de conditionnement augmentent en flèche. La grande majorité des nouveaux abonnés disparaît après quelques séances, et nos mauvais penchants réapparaissent en cours d'année. Comme les résolutions n'ont plus un caractère sacré, l'effet psychologique du changement d'année est éphémère.

Chez la tribu de Nina, le temps normal consiste en la pratique de ses activités quotidiennes durant un certain nombre d'années. Cette durée débute après le sacrifice rituel de la première bête et s'achève quand le sorcier annonce le temps venu de migrer.

## Temps festif : Tf

La fête est un moment négatif où la collectivité
consume les biens amassés, viole ses lois morales,
dépense pour le plaisir de dépenser,
détruit pour le plaisir de détruire.
**Roger Caillois, anthropologue (1913-1978)**

Une fête organise un « désordre » et prépare un terrain propice à recevoir l'ordre nouveau. La remarque de Caillois m'avait fait penser à « la période des fêtes », les vacances de Noël. À mes yeux, les deux dernières semaines de décembre ressemblaient plus à un temps festif qu'à un temps de début. (Récemment, un ami ayant vécu en France m'a fait remarquer que seuls les Nord-Américains offrent des cadeaux à Noël, le reste de la planète semble trop pauvre pour pratiquer ce rituel. )

La célébration de Noël demande des explications. Des fêtes païennes précédaient l'arrivée du Nouvel An en terre romaine. Les chrétiens qui sollicitaient de nouveaux adeptes durent préserver leurs célébrations, des jours de congé ! D'où un Jésus qui naît en plein hiver. Ce qu'on a retenu de cette période, du moins en Amérique, c'est l'occasion de fêter entre deux sessions économiques ou scolaires. Une période où les consommateurs dilapident le fruit de leur travail plutôt que de l'accumuler.

Chaque automne, chaque personne âgée, chaque objet usé témoignent du danger que la suite des cycles se termine dans le silence d'une mort permanente. Pour qu'un cycle nouveau apparaisse, il faut souvent terminer l'ancien, en effacer les traces. C'est pourquoi les rituels de fin d'année consistent en une purification par « destruction ». C'est « le temps des fêtes », le temps de « se dévisser la tête », dit une expression québécoise.

### Georges Bataille (1897 – 1962)

Écrivain multiforme, son œuvre touche à la littérature, l'anthropologie, la philosophie, l'économie, la sociologie et l'histoire de l'art. Érotisme et transgression sont ses sujets fétiches. Ses parents étaient athées. Il se convertit au catholicisme en 1917 pour devenir prêtre, mais sa passion pour le Moyen-Âge est plus forte. En 1920, à Londres, il rencontre Henri Bergson dont il lit un texte sur le rire qui l'aurait poussé à rompre avec le catholicisme. Diplômé archiviste-paléographe de l'École des Chartes en 1922, il rejoint l'École des hautes études hispaniques. En 1949, Bataille est nommé conservateur à Carpentras. Il s'y lie d'amitié avec l'essayiste Albert Camus et le poète René Char.

Attiré par les corridas, il assiste à la mort du torero Granero, dont le taureau réduira le crâne en bouillie. La corrida est un culte qui permet de retrouver l'animalité, le sexe, la transgression et le sacrifice. Pour lui, retrouver son caractère sacré oblige l'homme à replonger dans l'animalité. La transgression n'abolit pas l'interdit, mais l'érotise. Dans *La part maudite* (1949), Bataille s'intéresse à divers processus de destruction ou de dilapidation en apparence « contreproductifs ».

L'idée de procéder à un ménage en fin de cycle ou d'année semble s'être imposée en pratique dans la vie des humains. Avant de retaper un appartement, il faut faire un grand ménage, ce qui entraîne de détruire l'ancienne installation. Dans la nature, cette phase correspond à l'hiver, à la privation et au manque.

Une forêt est à cet égard exemplaire quant à la nécessité de détruire une organisation vieillissante. La lutte pour la lumière en forêt entraîne la poussée de grands arbres qui ombragent le sol et tuent la basse végétation et la vie qu'elle accueillait. La végétation séchée favorise l'apparition d'incendies qui raseront les arbres et permettront la régénération du sol. Autres exemples simples. Certaines personnes éprouvent un besoin de relations brèves et sans profondeur à la suite d'une rupture de couple. Il semble qu'une vie sentimentale chaotique soit nécessaire durant un certain temps pour retrouver le désir de stabilité et le rêve d'une vie à deux sans « figure imposée ». Je fus surpris un jour d'entendre un thérapeute conseiller à quelqu'un voulant débuter un régime alimentaire de se fixer une date butoir et, dans les jours précédents, de « se bourrer la face », comme on dit en québécois. La veille du jour où je tentais d'arrêter de fumer (une épreuve olympique) je me faisais un devoir de terminer mon paquet de cigarettes, quitte à devoir rester éveillé pour fumer les dernières. Au matin, je me réveillais dégoutté de la cigarette.

La période festive peut aussi rappeler le manque ou l'absence d'ordre qui existait avant l'intervention des Dieux. Les quarante jours de carême qui précèdent la fête de Pâques illustrent bien l'esprit de fin de cycle (manque de nourriture), ce qui rend d'autant plus faste le repas dominical à Pâques, départ d'une année toute neuve. Chez les chrétiens, le passage terrestre d'une année à l'autre est associé à la mort puis à la résurrection du Christ.

Le jeûne du carême est une pratique rituelle plus ancienne. Au départ, les chrétiens fêtaient Pâques précédé d'aucun carême. C'est vers 500 à Rome qu'un carême de trois semaines fut institué. Les 40 jours de jeûne s'apparentent à des pratiques anciennes. Le jeûne s'appuie aussi en Europe sur des considérations matérielles. Il était coutume au Moyen-Âge d'abattre les bêtes en surplus à l'automne pour avoir moins de bouches à nourrir. Comme la viande était conservée dans la glace et le sel, rendu fin février début mars, les morceaux restants risquaient d'être avariés. Pour contrôler un peuple au ventre vide, les autorités religieuses insistèrent sur l'importance rituelle de pratiquer un jeûne. Le besoin de protéines força l'exception du vendredi, jour où le poisson pouvait être mangé. Cette exception vient du fait que le « printemps » des rivières devance celui des terres. Mais comme il faut que les poissons puissent se reproduire, leur consommation doit être limitée. (En Orient, ce jeûne semble avoir été un préliminaire à la grande fête en souvenir de la mort et de la résurrection de Tammuz. En anglais, « Easter » rappelle « Ishtar », grande déesse orientale.)

Dans la pensée sacrée, *il faut revenir en arrière pour aller de l'avant*. Mais comme aucun temps festif (de fin de cycle) ne précédait le tout premier cycle (le cycle originel), il faut inventer le rituel de passage d'un cycle qui s'éteint à un cycle qui naît.

Aucun temps festif ne précède la recherche du premier territoire de chasse pour la tribu de Nina. Le mythe étant muet sur ce sujet, il fallut inventer un rituel fait de gestes humains. La mise

en scène va imiter le cours des événements qui ont engendré l'existence de la tribu. La période festive
commence par l'annonce de la migration par le sorcier et s'achève au
départ de la tribu, laissant vide l'an-
cien site. Comme il s'agit de no-
mades, le simple fait de quitter l'ancien territoire constitue une
destruction. On trouve dans l'initiation des jeunes gens un passage au stade adulte qui détruit leur ancien statut.

**Élisabeth B.**

J'ai réalisé que ma vie entière est basée sur des cycles et depuis (...) j'ai plus de persévérance dans tout ce que je fais. Par
exemple, habituellement, lorsqu'on est vendredi, je ne consacre
aucun temps à mes études puisque j'ai la semaine dans le corps.
Mais maintenant, c'est devenu la journée pendant laquelle je
travaille le plus puisque je sais que le temps festif approche [la fin de semai-
ne] et j'ai beaucoup plus de courage pour faire mes travaux. C'est pareil avec
l'ensemble de la session. J'essaie de penser le plus possible aux vacances qui
s'en viennent au lieu de m'apitoyer sur mon sort.

## LA PSYCHOLOGIE DU TEMPS SACRÉ

Vivre dans le temps profane nous éloigne du départ du cycle,
donc du contact avec l'état pur, avec le divin, comme c'était le cas
dans l'espace en s'éloignant du centre. Loin de chez soi, on risque de se perdre, de ne pas être reconnu. De même, plus un cycle
vieillit, plus sa vitalité se perd. C'est cette nostalgie de la pureté et
de la sainteté du départ qui motive la pratique de rituels cycliques
qui revitalise l'existence. La « mise en cercle » du temps oblige à
pratiquer un certain désordre, à se débarrasser de l'existence actuelle. Les périodes de fête qui composent le passage d'un cycle à
l'autre sont donc des moments particuliers qui évacuent la routine quotidienne, tout comme les espaces religieux nous sortent
de nos occupations habituelles et nous obligent à une conscience
différente de l'espace. C'est à l'occasion de tels désordres qu'ont
lieu les rituels de passage comme les mariages ou les déménage-
ments.

Dans les moments difficiles en vie de couple, qui n'a pas souhaité le retour des beaux moments du début ? Ne parlons-nous pas du monde merveilleux de l'enfance ? Un désir compréhensible de recommencer comme la première fois avec un maximum de chances. Par analogie, bon nombre de personnes troublées, en période de crise affective, de lourde peine ou de dépression s'investissent à fond dans un grand ménage de leur logis, un acte symbolique. De nombreux éléments de nos vies ont donc conduit à concevoir le temps en cycles.

Le Canada fut créé en 1867 par ses « pères fondateurs » (les héros mythiques). Ils inclurent dans la « constitution » du pays un idéal démocratique d'égalité pour tous. Il y eut un premier gouvernement élu. Par la suite, des lois et des chartes des droits furent adoptées et une « normalité civique » canadienne s'est matérialisée. Chaque gouvernement constitue un « cycle de Canada ». Il dure en principe quatre ans et s'achève par l'annonce de la tenue d'une nouvelle élection où, lors d'un vote populaire, les prochains « élus » seront choisis. Ceux-ci siégeront sur « la colline parlementaire » à Ottawa, un endroit surélevé qui rappelle une église.

Chaque gouvernement passe par un « temps de début » (Td) qui va de la confirmation du gagnant, le soir du vote, jusqu'à l'assermentation (parfois la nomination de ministres et la publication d'un budget en font partie). Puis commence la première session parlementaire, où le gouvernement fait un usage normal du pouvoir. Mais les volontés faiblissent et se corrompent en gouvernant. Aussi a-t-on limité la durée du cycle. Du moment que le premier ministre annonce la tenue d'élections, un mois plus tard, il remet temporairement le pouvoir entre les mains du gouverneur général. Puis vient la campagne électorale. Un temps festif où personne ne gouverne.

« Le temps des fêtes » politique canadien est la période qui va de l'annonce de la dissolution de l'ancien gouvernement jusqu'à la présentation et l'assermentation du nouveau. Durant cette période, le pays est privé de son activité politique normale.

# LES RELIGIONS MILLÉNARISTES[1]

> . ... la vertu consiste à ne pas pécher
> tout en possédant les moyens de pécher
> et les instincts du péché.
> (le Christ à Don Camillo)
> Ceux de la ville de Giovanni Guareschi.

Résumons le chemin parcouru.

L'éternité est un temps sans durée, fait d'un seul et même moment homogène. Chaque jour est identique, nulle usure ni évolution n'y survient, de tels événements « marqueraient » le souvenir d'instants particuliers.

Près des Dieux, les premiers ancêtres auraient vécu une période paradisiaque, sans le souci et la contrariété du quotidien. Le temps originel relate la chute de l'humanité dans un univers de besoin et de souffrance. Un monde où il faut chaque jour trouver nourriture, chaleur et sécurité ; où les choses s'usent et les êtres meurent. Une vie où le travail occupe tout notre quotidien, surtout sans eau courante, chauffage, toit imperméable, transport et supermarché. Le mythe se pose en modèle justificateur de notre condition d'existence, soit devoir mourir (l'espérance de vie était sous les 40 ans). Pour le primitif, l'éternité est le rêve d'une vie sans maladie, guerre, famine ou catastrophe naturelle.

Nos mythes conservent parfois les souvenirs de lointains ancêtres. Ils racontaient alors, pour le sauver de l'oubli, un monde d'abondance qu'eux-mêmes n'auraient jamais connu. Imaginez des cueilleurs-pêcheurs ou des chasseurs qui jouissent d'un territoire luxurieux, sans calamité ni prédateur sérieux. Une existence paradisiaque qui décourage toute ambition de quitter sa vie actuelle. Un conquérant apparaît un jour à l'horizon. Il a dû montrer courage et ingéniosité dans des conditions de survie minimales. Devenu errant, son peuple s'est muni d'armes et d'organisation. Ces gens cherchent un territoire où s'installer. Les « locaux » sont rapidement surclassés, avec la déchéance qui s'ensuit.

---

[1] — Cette section est de lecture optionnelle pour mes élèves.

D'autres passés paradisiaques ont pu exister durant les 150 siècles de la préhistoire de l'humanité. Un temps où les conditions climatiques étaient plus douces, ou d'avant une série d'éruptions volcaniques. (*The Road*, film étasunien de John Hillcoat, est exemplaire de cruauté dans sa conception de cette chute. Une lueur jaune est apparue puis presque tout a brûlé. Père et fils marchent en quête de nourriture. Le fils ne verra jamais un arbre vert ou une fleur. Sa mère s'est même laissée mourir de découragement. En supposant que l'humanité puisse survivre, que racontera-t-on alors à propos d'avant le cataclysme. Comment justifiera-t-on le cynisme de ce fléau ?)

Devenu errant, le peuple hébreu se mit à noter sa marche, tentant de conserver son passé depuis la perte du « paradis » et de son « jardin de fruits ». Des séismes auraient compliqué son odyssée. Des siècles ont passé depuis le début de l'exil. Plus ils remontent vers le nord, plus les territoires sont peuplés, en Égypte comme en Palestine et en Perse.

Entre -1300 et -1000, les Hébreux ont développé une écriture des consonnes au contact des Phéniciens (dans l'actuel Liban) qui ont inventé à Byblos le disque dur amovible, composé de disquettes en parchemin liées entre elles. La Bible (le « Livre ») constitue une des premières tentatives de sauvegarde de l'histoire d'un peuple sur mémoire morte. La narration de l'exode des Hébreux couvre la période -2000 -1700 approximativement. Les premiers textes du « testament » ne sont que des fragments. Nous ignorons la signification réelle de termes tels « ange » (messager), « shatân » (accusateur) et « Élohim » (Élus). La civilisation d'où proviennent les Hébreux semble avoir disparu rapidement vers -2000, les prenant au dépourvu.

L'âme est incarnée et le *carne* périt tôt ou tard. Progénitures des Dieux, les humains n'en sont pourtant pas. Ils possèdent toutefois une âme immortelle et indestructible, le « souffle » d'une parcelle de divin en nous. (Death souffle la vie au golem dans *Sandman*, BD étasunienne de Neil Gaiman 1989-1996. Le shaman amérindien souffle une protection dans la bouche du père-guerrier dans *Poltergeist*, film étasunien de Tobe Hooper 1982.) Que devient l'âme après la mort ? Retourne-t-elle au paradis, une fois allégée du corps ? Si un paradis pouvait s'obtenir sans effort, à quoi servirait-il de vivre et souffrir avant de mourir ? Que ce soit un chaman, Bouddha, Platon ou Dostoïevski, chacun à sa manière répond à la question. Mais, d'abord, qu'est-ce qu'un « paradis » ?

Dans *Le jugement des morts* iranien, le « paridaeza » est un jardin avec un château entouré d'une haute muraille qui sert à préserver du déluge. La vie difficile des primitifs leur a fait envisager un disneyworld contre les maux terrestres. Les murs protègent des pillards et des inondations, le jardin assure une excellente nourriture et le palais procure chaleur, fraîcheur et protection contre le vent et la pluie. Ce paradis est un monde terrestre sans soucis, comme le palais du jeune Siddhartha ...ou un condo à Monaco pour le « deux-tiers » monde.

Mais comment obtenir « le paradis à la fin de ses jours » ? Les héros mythiques luttaient contre des « monstres » pour plaire aux Dieux. Les guerriers nordiques ont leur Walhalla, les soldats romains leur champ de blé et Platon sa contemplation d'idées pures. Mais le peuple, que peut-il espérer ?

L'apparition de cités qui vont perdurer à travers les siècles a obligé une organisation sociale qui demande aux citoyens d'adopter des comportements altruistes. Chacun accepte un irritant pour soi afin d'obtenir un meilleur bonheur pour tous. Un exemple. Ne pas faire de bruit une fois la nuit tombée est pour certains un irritant. Par contre, cette règle assure que tous peuvent dormir en paix, un grand bonheur (sur l'opposition égoïsme-altruisme, voir livre 4).

En parallèle, un raisonnement s'impose aux consciences. Hors Dieu, point de salut. Mais si un dieu unique est notre père à tous, il serait normal que le droit chemin soit le même pour tous. Autour de -800 apparaissent de grandes religions millénaristes. Elles prônent un jugement universel des âmes. Il s'agit d'un puissant outil de contrôle des comportements de masse, une condition essentielle à la survie des villes. D'ailleurs, les institutions religieuses constituèrent les premières forment de gouvernement. Ces grandes religions racontent les causes du séjour des âmes sur Terre. On en tire un guide de bonne conduite qui constitue la « morale de l'histoire ». Le bouddhisme est à cet égard exemplaire, il est accessible à tous. Il exige toutefois d'adopter un mode de vie sévère qui insensibilise à la douleur. C'est que le Bouddha répondait aux souffrances d'un peuple lourdement frappé par la pauvreté.

Notons qu'en général, après une suite de cycles « annuels », viendra la fin du « millénaire ». Ce sont les mythes de « fin du monde » (les eschatologies) qui décrivent ce temps festif final. Ces histoires sont de pures visions du désordre ultime.

Il fallut plusieurs siècles avant que naisse le christianisme. Sa grande originalité fut le type de sacrifice demandé, le coût d'admission dans la secte. Il s'agit d'aimer ses voisins et Dieu. Ce faisant, vous vivrez en harmonie avec les autres au sein de la collectivité chrétienne, une « Internationale des âmes ». Il est remarquable que, là où le christianisme est passé, on trouve des chartes des droits civiques et certains droits reconnus aux femmes.

Par analogie, le rêve de l'Internationale, le syndicat universel des communistes, constituera au 19ᵉ siècle le « paradis de l'ouvrier » dans un monde industriel aux conditions de travail inhumaines. L'interprétation communiste tire de l'analyse historique des sociétés une « leçon » de mécanique sociale. Autant Marx que Lénine ont prédit « la fin de l'histoire » : une hommilière athée constituée de travailleurs égaux vivant en communauté de biens et d'esprit. On pourrait même parler d'une « vision millénariste athée ».

Le Dieu des chrétiens a créé l'humanité pour le servir et l'aimer, mais en toute conscience et liberté de le faire. Un dieu pur amour qui a permis un monde de souffrances où chacun peut s'éloigner de son créateur par des choix égoïstes. Voilà le test qui séparera les « bons » des « mauvais ». (La mythologie hollywoodienne a produit des œuvres remarquables de pertinence sur le sujet. Je suggère It's a wonderful life, 1946, et A Chrismas Carol, 1984.)

C'est dans les Évangiles qu'on trouve la version chrétienne du salut, une manière de vivre fondée sur notre liberté d'aimer, peu importe d'ailleurs notre intelligence, notre éducation ou nos possessions. L'« agape » des chrétiens, traduit par « charité » ou « charisme », est un sentiment amoureux d'essence divine que chaque humain peut manifester. La philosophie existentialiste de Sartre peut être vue comme une forme de christianisme athée qui répond à l'absurdité de la vie.

Il n'existe pas dans le christianisme de scission entre le corps et l'âme, comme chez les Grecs. L'association platonicienne du Bien à l'esprit et du Mal au corps n'est pas chrétienne. Le principe même du péché n'a rien à voir avoir avec la chair. Dieu se nourrit d'amour, le péché s'alimente à l'égoïsme du manque d'amour. C'est sous l'influence d'Augustin (qui demeurait avec sa mère) que la sexualité est devenue un péché.

Voilà en synthèse la vision sacrée de la vie. Elle raisonne la nécessité de mourir en expliquant qui nous sommes, où nous sommes et pourquoi nous y sommes.

## RÉSUMÉ SCHÉMATIQUE DE LA STRUCTURE DU SACRÉ

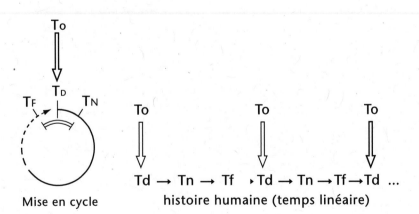

Mise en cycle          histoire humaine (temps linéaire)

### ⌒ Période des fêtes

— De l'annonce de la dissolution du gouvernement par le premier ministre jusqu'à l'assermentation des députés et ministres.

— De l'annonce du déménagement par le sorcier de la tribu jusqu'au retour de Nina quand la première bête est brûlée en sacrifice.

### ⇓ Mythe invoqué par un rituel

— Un premier gouvernement fut élu par vote démocratique.

— Les guerriers abattirent et sacrifièrent au Dieu des terres la « quatrième » gazelle (que personnifie Nina au début du rituel).

### → Écoulement irréversible du temps

#### To: Temps originel où a eu lieu le mythe invoqué

— Le Canada fut créé en 1867 par les pères fondateurs avec une constitution inspirée par un « idéal démocratique ».

— Chassés d'auprès des Dieux, les ancêtres durent s'installer sur Terre, aidés par le Dieu des terres.

#### Td: Temps de départ du rituel qui invoque le mythe

— De la confirmation du gagnant, le soir du vote jusqu'à l'assermentation des députés et « ministres ».

— Du départ de Nina, puis de la tribu, jusqu'au moment où la flèche est retrouvée, que la bête est brûlée en sacrifice, et que Nina retourne vers les siens.

Tn:    **Temps quotidien** hors du sacré

— L'usage normal du pouvoir par le gouvernement élu.

— L'usage du territoire pour la chasse.


Tf:    **Temps festif** où un désordre est provoqué

— De la remise du pouvoir au gouverneur général par le premier ministre jusqu'au dernier soir de la campagne électorale.

— De l'annonce du déménagement par le sorcier au départ de la tribu une fois retrouvée la flèche plantée par Nina.

# V

# LA MAGIE :
# L'IMAGE OPÉRANTE ET LA
# POÉSIE DU TERRESTRE

Grande est notre angoisse devant un malaise, une défaillance, une douleur persistante ou une infection. Quand nous crachons, vomissons du sang ou en trouvons dans les excréments ou l'urine, que faire ? La médecine efficace est de date récente. Que faisait-on avant, dans ces villages où seuls quelques clercs savaient lire et certains marchands compter ? Vous êtes malade et, autour de vous, on parle d'une « vieille femme » qui, paraît-il… Vous voilà tout espoir, prêt à croire. Jamais la vie n'est plus belle et loin de soi que quand nous sommes malades. Dans notre monde civilisé, cette crédulité réapparaît quand la médecine baisse les bras devant une maladie incurable.

Je me souviens d'une jeune femme, pourtant sensée, qui portait un collier de pierres vertes ayant été exposées aux rayons de la pleine lune. Elle espérait que le collier la guérisse d'une maladie dégénérescente lente, mais sans cure.

— Tu crois en ça ? avais-je demandé, ahuri.

— Je veux guérir !

Son ton plaintif et ses yeux suppliants m'avaient laissé muet.

### Galien (v. 130 – 201 ou 216)

Il naît dans un milieu aisé (père architecte et sénateur) à Pergame (Bergama en Turquie), où se trouve la plus importante école de médecine de l'époque. Galien entreprend des études de philosophie et de mathématiques, mais son père l'oriente vers des études médicales, qu'il commence à 17 ans. Galien travaille quelques années comme médecin de l'école de gladiateurs et y acquiert de l'expérience dans le traitement des traumatismes. Il réalise de nombreuses opérations audacieuses au cerveau et aux yeux, chirurgies non reprises avant la médecine moderne. Pour opérer une cataracte, il insérait une grande aiguille dans l'œil, derrière le cristallin, puis il retirait légèrement l'instrument pour enlever la cataracte.

Galien déménage à Rome en 162 (beau cas d'exode des « cerveaux » vers les métropoles), où il donne des conférences, écrit beaucoup et expose à la foule ses connaissances en anatomie et en physiologie, deux disciplines à la base de toute bonne médecine. Galien acquiert vite une réputation et devient médecin de l'Empereur. Membre réputé de la cour, il préférait parler et écrire en grec, alors encore la langue de l'élite à Rome.

La dissection des cadavres humains étant interdite par le droit romain, Galien dut travailler sur des porcs, des singes et d'autres animaux. Ces restrictions l'ont conduit à des hypothèses erronées sur l'anatomie. Un des pères de la pharmacie, il eut une influence durable partout au Moyen-Âge. Le serment des apothicaires, datant de 1608, a été rebaptisé « Serment de Galien » au 20ᵉ siècle. Ce serment édicte les devoirs professionnels du pharmacien. Il est toujours prêté par les finissants en pharmacie (voir Ptolémée, intro, livre 3).

Galien reste avant tout un grand enseignant et un écrivain. Il est l'auteur de nombreux travaux sur le parcours de l'influx nerveux, l'hygiène et la diététique. Fidèle à la conception alexandrine de la vie, Il croit que la physiologie humaine repose sur les quatre éléments (air, terre, feu, eau) qui influent sur les quatre humeurs (bile, sang, flegme et bile noire). De ces quatre humeurs résultent les quatre tempéraments de base : les colériques, les sanguins, les flegmatiques ou lymphatiques et les mélancoliques. La maladie résulterait d'un déséquilibre entre ces éléments.

Galien voulut bâtir une encyclopédie des sciences de son temps en se plaçant au-dessus des écoles de pensée. Ses théories ont dominé les connaissances médicales de la civilisation occidentale pendant plus d'un millénaire. Hélas ! L'essentiel de sa bibliothèque, ses manuscrits et sa collection de « médicaments simples » furent détruits en 192. Déjà dans la soixantaine, Galien tenta de récrire une grande partie des 20 000 pages, publiées en grec, que couvre son œuvre. Il ne laissera pas moins de 500 ouvrages, qu'il prit la peine d'ordonner lui-même.

La magie se pratique à l'écart des rites religieux. Elle répond à des besoins quotidiens, imprévisibles, mais fréquents. Mal de tête, ulcère, peine d'amour, malchance, chômage, ennemis ou stérilité n'entrent guère dans l'horaire des rites religieux.

**Un bambin marié à une chienne en Inde**,
La Presse, 2009

Les parents d'un garçonnet de 18 mois ont uni leur fils au canidé du village après avoir découvert une dent supplémentaire sortant de sa gencive supérieure. (…) Les anciens de cette communauté pensent en effet que l'apparition d'une dent signifie que l'enfant va être attaqué et dévoré par un tigre.

Seul un mariage avec une chienne éloignera le mauvais sort. Une cérémonie religieuse, avec la dot de la mariée, a eu lieu dans un temple hindou. (…) La chienne portait des bagues et une chaîne en argent, comme l'exige la tradition.

L'observation de la nature joue un rôle fondamental dans l'élaboration des procédés magiques. La nature dispose de toutes les ressources nécessaires à résoudre nos maux si on sait être inventif.

Le raisonnement qui associe « maux » et « remèdes » s'appuie sur une vision poétique des propriétés et des pouvoirs que possède tout objet. Dans le cas de la dent en trop qui pousse « de travers », nous pourrions penser que cette dent est le signe qu'une menace pèse sur l'enfant. L'expression française dit « avoir une dent contre… ». En Inde, la « dent » par excellence est celle du tigre. Associer l'enfant au chien revient à le lier à un gardien qui « montre les dents ». Voilà un raisonnement plausible qui jette un regard « poétique » sur les objets et les êtres.

La magie est la recherche de solutions par essais et erreurs. Riche en hypothèses et en créativité, elle construit peu à peu une vérité dont le mérite va aux humains. La relation magique de cause à effet est dite « horizontale », elle associe deux éléments du monde visible, donc de même niveau (terrestre). La pensée sacrée agit « verticalement », liant le visible à l'invisible, deux éléments de niveau différent (terrestre et céleste). *Le sacré constitue une magie verticale qui nécessite l'existence d'un discours religieux.*

## PAS DE RÈGLES OU DE PRATIQUES RITUALISÉES

Marcel Mauss a tenté de trouver des constantes et de déduire des règles au « théâtre de la magie », que ce soit dans les composantes de la mise en scène, dans le choix des personnages ou des accessoires. Comparant les pratiques magiques dans diverses cultures, sa conclusion étonne : aucun élément matériel ou gestuel n'est obligé ni présent dans l'ensemble des pratiques magiques.

Aucune particularité distinctive ne signale le pratiquant d'une magie, quoique des traits particuliers — déformation, mutilation, voix ou regard — puissent constituer un signe. Certaines professions inclinent à la pratique de la magie, soit par l'isolement (berger), la réputation (fossoyeur) ou le métier (médecin). Le moment favorable, tout comme le lieu adéquat, n'a d'autre lien commun que son pouvoir de suggestion. Ainsi à minuit, à la pleine lune, au solstice, à l'heure de l'incident ; dans une grotte, le lieu d'un crime ou un cimetière seront des temps et des espaces privilégiés à l'occasion. Les films à sensations hollywoodiens usent abondamment de ces dispositions à rêver.

La liste des objets rend vaine toute recherche de formule. Cheveux, ongles, os, herbes, fleurs, plantes, racines, insectes, cordes, miroir, sang, arme, pierres, tissu, linge porté, photo, statuette, bijou, cire, glaise, parties animales, sable ou sel, bref tout objet pouvant contenir ou posséder le pouvoir de guérir ou d'agir sur la cible sera pertinent. Ici encore ce sont le rêve et l'espoir qui guident le raisonnement magique.

**Marcel Mauss (1872 – 1950)**

Père de l'ethnologie française, Mauss était le neveu et fut l'élève d'Émile Durkheim. Il est d'abord connu pour sa théorie du don et pour son étude des techniques de la magie (plus proche selon lui des mécanismes de la science que de la religion). Mauss n'est jamais allé sur le terrain, il puise dans les observations des autres. Selon lui, tout fait social touche à l'économie, au religieux et au juridique, et ne peut être réduit à une seule dimension sociale.

Agrégé de philosophie en 1895, il se tourne vers la sociologie religieuse et étudie à *L'École pratique des hautes études*. Il y deviendra responsable de l'enseignement de « l'histoire des religions des peuples non civilisés ». Il fonde en 1925, avec Lévy-Bruhl et Paul Rivet, l'institut d'ethnologie à Paris. Mauss fut un militant socialiste qui demeura toute sa vie fidèle à ses convictions.

À la manière de l'érotisme, c'est dans la tête que l'essentiel se passe. Tentez de visionner un film d'horreur sans le son. Il vous manquera l'effet d'anticipation que suscite la trame sonore. Une disposition d'esprit à concevoir les objets différemment agit de la même manière avec la magie. Le romancier Stephen King avoua qu'un moment crucial dans sa vie fut le jour où, jeune garçon, il vit son frère aîné lui tendre une branchette en disant : « c'est une baguette magique ». Donc une rupture apparaît dans la manière de concevoir l'objet, selon qui le regarde. (Une scène du film *Blow up*, de Michelangelo Antonioni, 1967. Durant un concert rock, un guitariste brise son instrument et jette les morceaux dans la foule survoltée. Un homme pourchassé traverse la foule et attrape au passage le manche convoité, y voyant une arme potentielle. Une fois sorti du lieu, il abandonne le manche sur le trottoir. Des passants qui le suivent tassent le débris du pied. Le manche de guitare est rapidement passé d'objet de culte à arme puis à débris, selon qui le regardait.)

## UNE POÉSIE DE LA SYMPATHIE

La magie provient d'une tendance naturelle de la pensée à associer des objets à des événements, des personnes ou d'autres objets, comme on le fait avec le souvenir. Si nous rassemblions tous les objets que les gens conservent du passé, nous récolterions clés, bijoux, monnaie, tickets d'admission, pierres, bibelots, rubans, photos, mèches de cheveux, etc. Un tas d'objets dont il sera impossible d'extraire le *rêve* qu'ils suscitaient chez leur possesseur.

La simplicité de son procédé, ses usages variés et le manque de connaissances rationnelles furent garants de la popularité de la magie. Si les pratiques magiques sont peu à peu disparues, c'est qu'elles ne résistèrent pas à la vérification expérimentale. (Comme d'ailleurs tous les phénomènes paranormaux scrutés par la raison depuis plus de 50 ans.) Concrètement, toute pratique magique consiste à *transférer une propriété extraite de l'objet émetteur (le remède) pour l'intégrer à l'objet récepteur (le problème)*. L'opération dans son ensemble est concevable pour le pratiquant, car une « sympathie » (*sun*=ensemble + *pathos*=sentiment ; même état ressenti), naturelle ou fabriquée, sera à l'œuvre entre les deux objets. Le transfert se fera soit par « contagion », soit par « mimétisme ». Toutes les opérations magiques (religieuses aussi) s'articulent dans le schéma suivant :

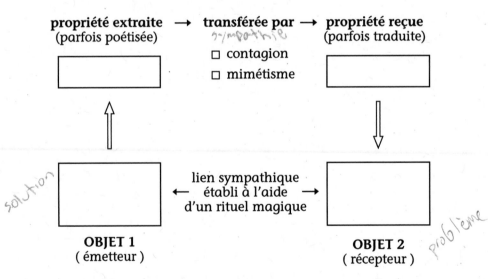

**propriété extraite** → **transférée par** → **propriété reçue**
(parfois poétisée)     ~/mpathie          (parfois traduite)

☐ contagion
☐ mimétisme

*solution*

lien sympathique
← établi à l'aide →
d'un rituel magique

*problème*

**OBJET 1**
( émetteur )

**OBJET 2**
( récepteur )

Quelques explications. Le lien sympathique s'appuie sur une croyance fondamentale : les choses sont en relation, soit parce qu'elles ont été en contact, soit qu'elles partagent une similarité de forme, de fonctionnement ou de but. L'objet émetteur est celui où nous puisons la propriété requise. L'objet récepteur est celui qui recevra cette propriété, parfois contre son gré. La propriété extraire de l'objet émetteur n'existe pas forcément de manière objective. De même, la propriété peut être traduite pour qu'un récepteur puisse la recevoir.

Le type de transfert précise comment un « pont » connecte l'émetteur au récepteur, soit comment la propriété passe d'un objet à l'autre. Un premier type de transfert se fait par contagion, à la manière dont se propagent bactéries et virus, que s'injecte un vaccin ou que se fait un massage. La contagion nécessite un contact physique, un toucher ou une absorption. Le second type de transfert se fait par mimétisme. Le récepteur ou l'émetteur peut être imité, représenté par une image, un assemblage, des symboles ou une appellation.

Le lien sympathique permet de formuler quatre règles :

Règle 1    La partie vaut pour le tout ou entraîne le genre. Une mèche de cheveux remplace la personne et un os « représente » la mort.

Règle 2    L'image rend la chose présente. La trame du roman *Le portrait de Dorian Gray*, d'Oscar Wilde, tient au fait que l'individu demeure toujours jeune, car c'est un portrait peint de lui qui vieillit à sa place.

Règle 3    Ce qui fut en contact ou en intimité demeure en contact. (Cette règle agit clairement dans le cas du don et du contre don, phénomènes de société analysés par Mauss.) Illustrons.

Un homme d'expérience m'a jadis conseillé de ne jamais accepter l'aide de quiconque (don), car, à la longue, les compensations (contre-don) seraient bien plus chères que si l'individu avait été dédommagé pour son service. Le fait d'avoir aidé (intimité) crée un lien persistant par après. La règle s'applique parfois aux « cadeaux ». Un ami avait gravé un CD de musique qu'il m'offrait pour mon anniversaire. Les quelques fois où il m'a rendu visite par la suite, il a demandé, un peu inquiet : « As-tu conservé mon CD ? » Dans son esprit, le fait qu'il m'ait donné l'objet ne brisait pas son lien de possession.

Règle 4    Le même attire le même. Ou encore, le même fait fuir son contraire.

Appliquons notre schéma d'analyse des procédés magiques à huit raisonnements tirés de l'histoire de Nina.

 « L'esprit du renard guidera sa marche. » L'émetteur est le renard, dont la tête assure la présence (règle 1). Le récepteur est Nina. La propriété extraite et transmise serait le sens de l'orientation. Un transfert par contagion, car elle porte le casque sur sa tête.

 « Les signes tracés sur son visage éloigneront les mauvais esprits. » Le récepteur est Nina, mais que reçoit-elle? Un cas difficile, teinté de sacré (ce à quoi réfèrent les signes). Un pouvoir n'est jamais dans les signes, les paroles ou les icônes en eux-mêmes, mais dans leur capacité à invoquer le pouvoir qu'ils représentent (règle 2). Les signes tracés semblent appeler de bons esprits qui, associés à Nina, lui procureront le pouvoir de chasser les mauvais esprits. Le transfert se fait par mimétisme, à cause des signes.

 Quand Nina (le récepteur) marche sur une terre fertile (l'émetteur), le sol déclenche ses menstruations, signe de fertilité. La propriété extraite du terrain est adaptée à l'être humain et est transmise par contagion (les pieds touchent au sol). L'action d'un détecteur de métal pourrait être raisonnée de la même manière.

 « Une coiffure faite de plumes d'aigle pour élever son esprit ». Présent par ses plumes, l'aigle est l'objet émetteur. « La capacité à s'élever » est adaptée à Nina (le récepteur) et devient « une libération de l'esprit » qui lui permettra d'anticiper l'inconnu. La coiffure agit par contagion.

 « Une queue de renard pour pister sa proie. » Le raisonnement est identique à celui du casque de plume ou de la tête de renard. La propriété que transfère la queue est le flair de l'animal.

114

« Une patte de lapin pour filer comme le vent. » Même principe. Ici, c'est la rapidité à marcher que reçoit Nina.

Le contenant fait d'écorces de bouleau où les adolescentes vont dormir représente un utérus. Que les adolescentes en ressortent adultes n'est pas le fait d'un procédé magique. S'il y a un mimétisme de la naissance, c'est qu'il s'agit d'un rituel de passage au stade adulte que permet la connaissance du mythe d'origine de la tribu. Il faut avoir à l'esprit un lien vertical pour extraire un pouvoir de l'installation.

Si le mélange demeure blanc, la protection du Dieu est renouvelée. Ce rituel, ajouté au mythe, contient un procédé magique qui semble avoir pour but de vérifier si l'eau est potable. La « pureté » extraite de l'eau sera traduite en « blancheur » du mélange par contagion.

## ATELIER DE MAGIE 101

Lire des analyses de raisonnement magique est une chose, les expliquer en est une tout autre. Pouvez-vous expliquer les cas qui suivent. (Ils sont tirés de superstitions traditionnelles. Il existe d'ailleurs des dictionnaires et encyclopédies sur ce sujet.) Les solutions sont à fin du chapitre.

1   Il est possible de guérir un mal de dents avec une dent de souris.

2   Ingurgiter un œuf cru redonne de la virilité.

3   Croiser un chat noir sur sa route porte malheur.

4   Placer la photo de son adversaire sur le sac d'entraînement fera gagner le combat.

5   Il faut mettre un clou dans le bidon de lait pour que le mélange reste homogène (XIX$^e$ siècle).

6 « Appartement à louer. Grand sept et demi, plancher en chêne, bain-tourbillon, cour arrière et garage, foyer, ensoleillé, quartier riche, pour une bouchée de pain. Raison : les trois derniers locataires s'y sont pendus. »

7 Laver le malade fiévreux puis laisser couler l'eau sur une grenouille.

8 Passer sous une échelle porte malheur.

9 Il ne faut jamais laisser quelqu'un vous prendre en photographie.

10 En répétant le nom de la victime pendant qu'on fabrique la flèche, cette dernière le tuera à coup sûr quand elle le frappera.

11 Briser un miroir apporte sept années de malheur.

12 Trouver un trèfle à 4 feuilles (ou un fer à cheval) sur sa route est gage de chance.

13 Conserver l'arme qui a fait la blessure dans des feuilles fraîches et humides réduira la gravité de la blessure.

14 À donner, vêtements du défunt, mort du sida.

15 Dans le désert, un rituel magique consiste à lancer des écailles de poisson (ou de l'eau, ou du sable) en l'air pour appeler la pluie (ou chasser la sécheresse).

16 Pour qu'un souhait se réalise, il faut toucher du bois après avoir prononcé le voeu.

17 Il faut sculpter une figurine dans la cire et y coller une mèche de cheveux de la cible sur la tête. Ensuite, habiller la figurine avec un tissu que la cible a porté. Il suffira alors de planter une épingle au cœur pour que la cible se désintéresse du sujet.

18 Prendre des bouts d'ongle de la victime et les placer dans un sac soigneusement noué, puis enterrer le sac. La victime deviendra amorphe et sans ambition.

19   Vider une noix de Grenoble. Y placer une araignée et une mèche de cheveux de la personne visée. Ficeler hermétiquement les deux parties de la coquille. Tant que le dispositif ne sera pas démonté, la personne restera amoureuse de vous.

20   Un malade doit changer de nom pour guérir.

## L'APPORT DE LA MAGIE AUX SCIENCES EXPÉRIMENTALES

> Croyez-vous que les sciences seraient nées
> s'il n'y avait eu d'abord ces magiciens, ces alchimistes
> et sorciers qui durent, par l'appât de mirages et de promesses,
> créer le goût des puissances cachées ?
> Il a fallu promettre bien plus qu'on ne pourra
> jamais tenir pour pouvoir faire la moindre chose
> dans le domaine de la connaissance.
> **Nietzsche**, *Le gai savoir*

Si le raisonnement magique est décevant de naïveté, s'il dépend trop de ce que nous sommes prêts à croire, il demeure que certaines déductions des magiciens s'avérèrent justes. Magie et alchimie suscitèrent des observations concrètes à la base de notre pharmacologie. Des remèdes furent trouvés. Si croire que manger des testicules accroîtra notre force est basée sur un jugement sexiste, il demeure qu'en pratique, chez les mammifères, les mâles sont plus gros et plus forts que les femelles. Les premiers stéroïdes pour athlètes ont été faits à partir de testicules.

La magie porte un intérêt manifeste à l'observation de la nature. Les pratiques magique et alchimique ont à l'esprit une accumulation et une amélioration du savoir qu'ignore l'être religieux. Pour le croyant, la vérité des mythes est complète et « logique », inutile de s'attarder à l'apparent, comme la couleur, et à l'éphémère, la force. Pour se lancer dans l'aventure de la manipulation des phénomènes terrestres, il fallait une « raison » qui justifie la

117

recherche de régularités dans la nature. C'est cette raison qu'ont développée magiciens, alchimistes et médecins.

Un exemple superbe pour établir une distinction entre savoir sacré et expérience humaine. Personne n'avait eu l'idée de vérifier la « loi » d'Aristote, que plus un corps est lourd, plus sa vitesse de chute vers le sol est grande. Il s'agissait d'une conséquence « logique » pour quelqu'un qui pense qu'il n'y a pas d'objets matériels dans le ciel.

Galilée prit cette affirmation en défaut 2 000 ans plus tard. C'était pourtant fort simple à vérifier. Mais encore fallait-il *douter* de la conclusion pour vouloir la vérifier. Si 1 gramme est plus petit que 2, et que 2 grammes est plus petit que 3, personne n'utilisera une balance pour vérifier que 1 gramme est plus petit que 3, c'est mathématiquement logique.

Magie et alchimie furent des étapes utiles, voire nécessaires, à la genèse des sciences expérimentales. Si l'art froid et objectif de l'expérimentateur et l'univers magique des forces obscures contrôlées par des opérations symboliques offrent peu de ressemblance, les deux manières de connaître évoluent par essais et erreurs. Expérimentateurs et magiciens admettent qu'on puisse douter des découvertes humaines.

On exigeait de la magie qu'elle nous procure un pouvoir sur la nature et la vie, un pouvoir acquis par des raisonnements et des expérimentations. C'est exactement la prétention des chercheurs modernes. Si les « scientifiques » sont plus méthodiques et rigoureux dans leur pratique, leurs buts ne sont pas plus modestes que ceux des magiciens et alchimistes ! L'espoir de longévité avec les cellules souches et les transplants est de 200 ans. Cinq fois plus qu'il y a 5 000 ans à peine.

Éliminons de notre schéma (page 111112) le raisonnement magique tout ce qu'un chercheur moderne y trouverait de subjectif, donc d'inacceptable, et nous obtiendrons un raisonnement expérimental.

Principal écueil, *on ne peut pas extraire une propriété non objective* d'un objet. Le renard peut nous apparaître rusé, mais cette qualité n'a pas été mesurée objectivement. Une souris est-elle rusée ? Une araignée ? La ruse peut-elle s'extraire d'une substance animale ? Bref, ce n'est pas parce que je veux une qualité qu'elle s'extrait automatiquement de la nature « comme par magie ». Il est apparu ardu, voire impossible, aux sciences modernes d'extraire autre chose que du concret. Cette limitation admise, les trois premières règles se trouvent sans fondement objectif. Seule la quatrième demeure valide.

Par ailleurs, *aucune traduction de la qualité ou de la propriété n'est acceptable.* Une qualité ou une propriété extraite adéquatement d'une source ne se distribue pas n'importe comment, *il faut que le récepteur puisse l'assimiler.* Ces restrictions appliquées à la « poésie des déductions » en magie, nous obtenons un raisonnement caractéristique de l'alimentation et de la composition de remèdes. Si la pomme est une bonne source de vitamine D, alors l'individu en manque de cette vitamine pourrait compenser cette carence en mangeant des pommes.

La recherche de remède en particulier a motivé l'observation de la nature en dehors d'une référence au divin. L'humain s'obligeait alors à observer des propriétés considérées concrètes des objets émetteurs. En ce sens, les sciences de la nature peuvent être comprises comme des raisonnements magiques objectifs.

L'expérimentation en magie produira une accumulation sélective de pratiques utiles avec le temps. L'avenir devient prometteur et le passé synonyme d'ignorance. Le savoir acquis devient la mesure du génie humain, non un don des dieux.

Un dernier point que nous tenons à souligner. Les propriétés associées aux objets peuvent sembler illusoires et dénuées de toute objectivité. Pourtant, l'expérience inconsciente de l'œil joue. C'est à titre d'essai que nous proposons la section suivante.

# Un bout d'os : la logique du symbole [1]

Tout concept possède un sens premier. Le terme « père » désigne d'abord tout homme ayant des enfants. D'autres sens peuvent se développer à partir de cette souche, telle la « paternité » d'une découverte ou une attitude « paternaliste ». Par ailleurs, le « signifiant », le son « père » qu'on prononce ou écrit, est indépendant de l'objet qu'il désigne, soit les individus ayant des enfants. C'est une pure convention. Il en va tout autrement du symbole.

En Grèce archaïque, lorsque deux nobles se liaient d'amitié autour d'un repas copieux, il était d'usage de briser un os en deux. Chaque convive en conservait une partie en souvenir. Sous forme de collier, ce témoignage se léguait de père en successeur. On raconte dans l'Iliade qu'au cours d'un combat devant les murs de Troie, un guerrier remarqua un bout d'os attaché à une chaînette au cou de son adversaire. S'immobilisant, il montre le sien. Les deux parties s'emboîtaient parfaitement, prouvant que leurs pères avaient été amis. D'un commun accord, les deux guerriers changèrent d'adversaire. Ces bouts d'os, les vieux Grecs les appelaient *sumbolon*, soit « trace » ou « signe ». Les deux morceaux assemblés forment un « symbole ». Il fait ressurgir ce qui sommeillait dans l'oubli.

Les concepts d'une langue sont utiles pourvu qu'ils soient bien définis. Il en va autrement du symbole. Il s'enrichit à même à la corruption de sens que le langage permet. Ainsi « se télescoper », soit s'emboutir, décrit la carrosserie des voitures après une collision. Elles ressemblent aux parties d'un télescope de main quand les parties entrent les unes dans les autres pour le ranger. Pourtant le télescope permet de voir venir de loin ! Le symbole accepte tout rêve et agrée à tout phantasme. C'est une éponge à sens dont le contenu nous glisse entre les doigts quand on la presse de se préciser. Ne reste alors qu'une carcasse vide.

Selon Aristote, un beau pied serait l'indice d'une belle âme. Si le rapprochement peut surprendre, il n'est pas sans vraisem-

---

1 — Cette section est de lecture optionnelle pour mes élèves.

blance. Si la volonté d'une âme franchit le temps, le pied en porte l'ambition à travers l'espace. Leur action combinée laisse une empreinte dans la terre. Les pieds sont le point de contact entre le véhicule corporel et le sol, entre le désir d'être « là-bas » et l'espace à franchir pour y parvenir. On dit d'ailleurs « se tenir droit sur ses jambes » pour montrer une « force d'âme ».

J'ai observé une « poésie » similaire dans l'imaginaire humain entre le pied et le soulier. Ce sera mon exemple de *lien naturel inconscient qui nourrit la raison magique.* Le « pied » et le « soulier », les deux acteurs en scène, ont leur caractère propre. C'est la base concrète sur laquelle l'imaginaire construit la symbolique.

Le pied permet de se déplacer, d'exprimer notre volonté. « Parle ! Et abrège ton discours, car d'impatience mon âme est sur le point de sortir de mon pied ! », dit le *Livre des mille et une nuits.* Le soulier moule et protège. En « contenant » le pied, le cuir facilite la marche, comme la danse ou l'expression de notre impatience. Le support du soulier tend à standardiser les actions qu'il favorise. Le soulier à claquettes, le talon haut, la sandale et la pantoufle imposent à la marche une contrainte de forme, de contexte et d'usage.

Marque de civilité par excellence, le soulier témoigne de la transformation du barbare en citoyen marchant sur le sentier communautaire, comme tout autre accessoire vestimentaire conventionnel. Plus nombreux sommes-nous, moins de temps allouons-nous à « faire la connaissance des autres ». Plus nombreux sommes-nous, plus variés sont les rôles sociaux que nous identifions au port de l'« uniforme », comme celui du policier, du boucher, de l'avocat ou du médecin. Nécessité aussi de conventions et de manières de faire comme « garder la droite », la surface normale d'un drap ou « les manières de table ». Ces conventions et procédures s'installent entre les humains qui vivent en société. Elles suppléent, en partie du moins, au manque à connaître les gens de notre entourage.

Un « fond commun » qui constitue une enveloppe de « savoir-vivre ». Elle standardise l'expression de nos états d'âme pour faciliter la cohabitation à plusieurs. Ce « verni » social sera symbolisé par le lien entre le pied et le soulier. Ainsi, lors d'une entrevue, on s'habille de manière « à bien paraître », dit-on par chez moi. L'hypocrite, le « faux », se détecte à l'oubli de soigner ses souliers, la partie la plus loin du regard, donc du « cœur ». Voilà en gros l'univers du pied et du soulier, le lien logique qui permet de les unir, faisant du pied chaussé le symbole d'un « état d'âme ». Ce raisonnement symbolique inconscient pourra être présumé actif quand l'arbitraire ou la gratuité de l'image (ou du geste) ne pourra se justifier autrement.

Quand j'ai redécouvert le commentaire d'Aristote, noté sur un bout de papier, je me suis souvenu d'une coutume, absurde à mes yeux jusque-là, de la scène politique canadienne. Quand le ministre des Finances présente un nouveau budget, il lui faut porter des souliers neufs. Durant la récession économique, vers 2005, un ministre des Finances avait mentionné son intention de conserver ses vieux souliers lors de la présentation du budget. Il voulait respecter la situation économique du moment en économisant. Un humour que les Dieux n'apprécient pas. Le jour de la présentation venu, ce ministre s'était fait photographier, montrant ses souliers neufs ... comme ses prédécesseurs.

Le budget d'un pays détermine le montant de la contribution de chacun à la société, en général via des taxes et des impôts. Les dispositions du budget déterminent quels domaines seront stimulés, soit par des exemptions d'impôts ou de taxes, soit par des subventions ou une aide financière globale. En plus, la répartition de « l'enveloppe budgétaire » entre les divers ministères (la santé, la défense, l'éducation) affectera la vie dans ces ministères. Le budget est donc une pondération collective des activités humaines, un « moule » du comportement économique du pays. Bref, un soulier collectif ...qui change avec le nouveau budget.

Pour une tout autre raison, j'avais aussi noté le fait suivant, trouvé dans l'Ancien Testament (Ruth, 4:1-4:10). Un certain Boaz veut épouser Ruth. Pour réaliser son souhait, il doit s'assurer que l'individu ayant préséance lui cède son droit. La coutume en Israël pour officialiser ce genre de négociation était alors que l'un ôte sa sandale et la donne à l'autre. Pourquoi ? Il s'agit d'un signe d'honnêteté. L'objet le plus difficile à voler à un homme qui est sur ses pieds − inutile et difficile à voler − est *une* sandale. Le geste est donc symbolique. La pensée magique a fait le reste. En l'absence de documents écrits, donner sa sandale, c'est donner sa parole en scindant un *sumbolon*. La sandale que chacun possède devient le témoin concret de la sincérité de l'individu qui cède son droit, le symbole qui rappellera son « état d'âme » et sa « marche droite ».

Dans une autre note − j'en avais un tiroir plein à l'époque − j'avais conservé une mention, tirée d'un roman de Mircea Éliade. Dans la tradition indienne, deux amis se témoignent mutuellement une affection véritable en mettant en contact leurs pieds nus. Dans un monde de castes, de divisions et de tabous sociaux, ôter son vernis manifeste la volonté d'exprimer un sentiment qui va au-delà de la civilité qui motive le « bonjour » à un collègue de bureau ou au voisin de palier.

Dans *Basic instinct* (film étasunien de Paul Verhoeven, 1992), une femme aux instincts sauvages et meurtriers (sans réel verni) excite par des gestes et des commentaires crus un détective qui enquête à son sujet tandis qu'il la reconduit chez elle. Sortant de la voiture, elle s'engage dans l'allée sous la pluie… pieds nus.

La *Pretty woman* (film étasunien de G. Marshall, 1990) est une prostituée qu'engage pour quelques jours un jeune financier sans scrupule qui suit les traces de son père. Pour que son client relaxe, elle l'amène au parc et le fait marcher sur l'herbe après lui avoir retiré ses souliers noirs conventionnels, le modèle que portait son père.

On trouve de nombreux exemples dans les mythes grecs. D'abord Œdipe, un être colérique. Connu pour son goût des femmes d'âge mûr, c'est pourtant le meurtre de son père − qu'il ne reconnaîtra pas plus que sa mère −, qui est le moteur du récit. L'humour du Destin est terrible chez les Grecs. (Une belle illustration de ce principe dans *Prémonition*, film étasunien de Mennan Yapo, 2007.) Peu après la naissance d'Œdipe, son père ordonne qu'on abandonne l'enfant, les pieds liés par une corde transperçant ses chevilles. L'oracle a prédit au roi qu'il périrait par l'épée de son fils. Coup de chance pour l'enfant, il est recueilli par une reine. Le jour où Œdipe fête sa maturité, le patient Destin reprend le tissage de son sort. Œdipe apprend qu'il va tuer son père tant aimé. Ce père qui lui a offert un cadeau d'anniversaire princier, la consultation de l'oracle. Affolé, le fils fuit la ville et son destin. Du moins le pense-t-il. C'est qu'il ignore avoir été adopté. Sur la route, un homme arrogant gêne son passage. Les deux rivaux s'emportent d'une même colère, brusque et violente. Les épées se lèvent et Œdipe tue l'homme, son père biologique. *Œdipos* signifie « pieds enflés », à cause de la corde qui a laissé cette « trace ». Le raisonnement magique a brodé sur le symbole.

Dans *Falling Down* (*L'enragé*, film étasunien de J. Shumacher, 1992), un individu perd patience et part à pied, abandonnant sa voiture dans l'embouteillage. Il traverse divers quartiers et son comportement devient de plus en plus déviant, irrité qu'il est par la bêtise humaine. Petit détail amusant, mais gratuit, en sortant de l'auto, l'homme note ...un trou dans sa semelle.

Achille n'est pas qu'un redoutable guerrier, c'est un être orgueilleux, incapable de transcender ses intérêts personnels. Une âme demeurée sauvage, dont le manque de verni se traduit par sa célèbre faiblesse au talon, un « trou » de divin à un talon. Officiellement, il a fallu tenir Achille par une cheville à sa naissance pour le tremper dans le liquide qui le rendrait invincible. Achille est abattu d'une flèche au talon alors qu'il traîne le cadavre du roi Hector devant les murs de Troie, sans aucun respect des traditions funéraires.

Talos est un robot géant qui surveille les rives de l'île de Crète. Il est invulnérable, si ce n'est d'une faiblesse « au bas de la jambe ». N'étant qu'une mécanique sans âme, il suffit pour le désactiver d'enrayer le mécanisme se trouvant ...à la place symbolique de l'âme.

Hermès, le dieu aux pieds ailés, est le messager (*angelos* en grec) des dieux. Il rappelle les anges bibliques. À l'opposé, Héphaïstos, le forgeron des dieux, bat le fer. Cette occupation souille sa nature divine et le fait... boiter. L'idée de souillure de l'âme par un contact trop intime avec la matière a été étudiée par Lévi-Strauss. Un mythe tereno sur l'origine du tabac résume bien l'association. Une femme souille de son sang menstruel le repas de son mari. Après avoir mangé, l'homme se met à boiter. Ici, c'est le fardeau d'accoucher les corps qui souille l'âme.

Une tradition asiatique consiste à ceinturer étroitement les pieds des jeunes filles pour gêner la circulation du sang et ralentir grandement le développement des tissus. Les pieds bonsaï qui en résultent modifient la démarche, qui devient le signe d'une grande subtilité sensuelle. Les droits sociaux de ces femmes sont aussi diminués, ainsi que leur capacité de marcher, donc de fuir. Selon une logique similaire, Cendrillon, la cadette au caractère « effacé », est soumise aux volontés de sa famille. Elle est « dans ses petits souliers », comme on dit par chez moi.

Plus moderne est le cas de *Camille Claudel* (film français de Bruno Nuytten, 1988), apprentie sculpteur. Éprise d'Auguste Rodin, la jeune femme offre au maître un pied non signé qu'elle a tallé dans un marbre dur, espérant qu'il y grave son nom, attestant par ce geste son talent et son amour.

Et *Planet Hollywood* a bien d'autres exemples. Dans *In cold blood* (Richard Brooks, 1967), deux déséquilibrés dans la vingtaine, pas plus matures que des garçons de douze ans, roulent vers la maison de leurs futures victimes. Au rétroviseur pendent des ...bottines d'enfants. Dans *Misery* (Rob Reiner, 1989), un écrivain est recueilli par une infirmière après un accident d'auto en campagne éloignée. Pour garder l'homme en otage et l'obliger a écrire selon sa volonté, l'infirmière lui brise les chevilles. Dans *Big fish* (Tim Burton, 2003), pour souligner que les passants deviennent captifs d'un endroit et de ses manières de vivre, on voit leurs souliers pendus à un fil à l'entrée du village.

Dans diverses cultures, à diverses époques et par des modes d'expression variés, pieds et souliers unis ont symbolisé la nature, le rôle, les droits ou le comportement de l'âme-personne selon une « logique du symbole ». Cette rationalité dut agir inconsciemment dans les réflexions des médecins, magiciens, apothicaires, alchimistes, artistes, raconteurs et autres esprits curieux et ambitieux qui tentèrent d'utiliser la nature pour éliminer ou adoucir les maux qui assaillent l'humanité.

## SOLUTIONS DE L'EXERCICE (PAGE 115)

1.  La dent de souris passe sa dureté par contagion (frottement) à la dent malade.

    Frotter les dents avec une surface dure dérange effectivement le travail des bactéries qui attaquent l'émail. Mais d'autres objets sont plus efficaces. Réduire des dents de souris en poudre et les faire boire à l'enfant, mélangés au lait, lui aurait donné un apport de calcium important à une époque où les enfants étaient souvent mal nourris. L'idée de transférer une propriété concrète d'un objet à un autre a été fructueuse en cuisine comme en pharmacologie.

2.  L'œuf passe sa « fertilité » par contagion (avaler). La propriété est traduite chez l'homme en « virilité ».

    Un œuf est l'équivalent animal d'une pomme ou d'une noix. Il contient un germe de vie entouré de nourriture, pour survivre le temps de terminer son développement. Un atout important pour les végétaux qui ne peuvent se déplacer. Un grand soulagement pour les mères, l'accouchement étant plus facile.

3.  Le chat noir passe sa « noirceur » par contagion (contact par la vue, règle 3) qui, adaptée à l'humain, devient de la « malchance ».

     Ce raisonnement malheureux a poussé les citoyens à tuer les chats durant les périodes de peste, favorisant la propagation des souris et des rats porteurs de l'infection.

4. L'objet émetteur est le montage du sac et de la photo. La propriété transmise serait la « capacité d'atteindre le visage ». Par mimétisme (contact entre les gants et la photo, règles 2 et 3), le boxeur frappera plus facilement son adversaire durant le combat.

En psychologie sportive, s'exercer à visualiser en soi le déroulement de l'épreuve améliore la performance. Nous pourrions justifier le succès de certaines opérations magiques ainsi. Être convaincu qu'une amulette vous donne du charme modifiera votre comportement. Ainsi, être plus confiant en vous pourrait vous donner du charme par effet placebo.

5. La capacité du clou à « lier ensemble » est transférée par contagion au mélange de gras et d'eau dans le lait.

Jusqu'au début du vingtième siècle, au Canada, le lait était transporté en bidons. Le laitier passait de porte en porte pour emplir les pintes de ses clients. La technique d'homogénéisation n'étant pas aussi efficace que maintenant, le mélange pouvait se défaire. Il n'est pas facile de mêler gras et eau, deux composantes qui se fuient.

Un « dissolvant à gras », le savon à vaisselle, utilise en fait une molécule qui agit en double épingle. Une pointe pique l'eau, l'autre pique le gras, comme un clou à deux têtes !

6. L'appartement abrite un esprit maléfique ou quelque chose du genre qui, par contagion (habiter), transfère son maléfice au locataire.

Le caractère improbable du suicide de trois locataires consécutifs dans un appartement se transforme en une fatalité liée à l'endroit. (C'est le thème du film *Le locataire* de Roman Polanski, tourné en France en 1976, après le meurtre de sa femme enceinte par le groupe de Charles Manson. L'idée est appliquée telle quelle dans *1408* de Stephen King, mis en film en 2007).

7. Il y a une double contagion. D'abord l'eau prend la chaleur (et la fièvre) du malade. Ensuite cette eau passe la chaleur (et la fièvre) à la grenouille, un animal au sang froid qui (règle 4) chasse la chaleur (et la fièvre) à la manière d'un radiateur.

8. Passer sous une échelle, c'est s'exposer au danger. Il est sous-entendu qu'on parle d'une échelle en haut de laquelle quelqu'un s'affaire, donc d'où un objet échappé peut nous tomber sur la tête. « Prendre un risque » équivaut à « provoquer le sort » (propriété extraite du comportement), ce qui, par contagion, apportera de la malchance (propriété reçue) dans la vie. La superstition s'est étendue à toutes les échelles.

Dans un état d'esprit similaire, les Dieux punissaient les humains voulant déjouer l'avenir en Grèce antique. Dans la mythologie hollywoodienne, c'est devenu « l'effet papillon ».

9. Conseil circulant parmi les habitants d'Afrique du Nord, où des photographes européens débarquaient au début du XX$^e$ siècle. On croyait que fixer le visage de quelqu'un sur du papier figeait son âme et le privait de sa vie.

Dans l'esprit des pratiques magiques, quelqu'un aurait pu tousser sur la photo pour transmettre son rhume, ou encore donner la photo à un boxeur !

10. Le mode de fabrication de la flèche force un contact entre l'objet et la victime, par mimétisme (règle 3). On pourrait aussi inscrire le nom de la cible sur le missile. Par analogie, une croyance affirme que plus on prononce souvent le nom d'un démon, plus grande est la probabilité qu'il nous apparaisse.

11.  Le miroir porte le reflet de la personne qui le brise. Par mimétisme (comme la photo au n° 9) sa vie est brisée. Le nombre sept est accessoire.

C'est ainsi que les domestiques ont interprété l'avertissement de leur bourgeoise. Les miroirs étaient coûteux, d'où le « malheur » dont on les menaçait. De bouche à oreille, le petit peuple en fit une superstition, élaborant inconsciemment un raisonnement magique (comme avec l'échelle).

12.  Un trèfle à quatre feuilles est rare. Sa « rareté » se traduit en « chance » pour la personne qui le trouve. En économie, la possession d'une « rareté » est un gage de richesse.

 La culture du trèfle fit la fortune des cultivateurs au XIXᵉ siècle. « Trèfle » finira par désigner l'argent en vieil argot. Le transfert magique est instantané si vous découvrez avoir acheté le billet gagnant à la loterie !

Le fer à cheval est lié au transport à cheval. On pourrait raisonner de la même manière de nos jours avec un enjoliveur de roue trouvé sur le bord de la route.

13.  L'humidité des feuilles fraîches amollira ou rouillera l'arme. Transférée par contagion (règle 3), la « destruction » de l'arme réduira la gravité de la blessure qu'elle a causée... rétrospectivement !

14.  Si certaines maladies ou infections se transmettent par les tissus, ce n'est pas le cas du virus du sida. Pourtant, bien des gens seraient réfractaires à prendre les vêtements offerts. Une fausse contagion médicale, une vraie contagion magique.

15.  Les écailles de poisson, l'eau ou le sable, par contagion (en  l'air), appelleront la pluie ou bien feront fuir la sécheresse (règle 4), selon l'intention du magicien.

16. Par contagion (toucher), la « stabilité » du bois (de sa valeur marchande, en fait) sera transmise à l'individu qui fait un souhait, traduite en « prévisibilité du futur » (équivalent au n° 12).

 Au Moyen-Âge, puis à la Renaissance, acquérir une terre de coupe de bois était un placement sage. La demande pour le bois est restée stable au long des siècles, ce qui ne fut pas le cas pour d'autres types de rentes. Le bois est d'usage universel et les arbres repoussent, assurant à leur propriétaire une stabilité économique, donc un avenir « souhaitable ». C'est cette « assurance » pour le futur qui est transférée à celui qui fait un souhait.

17. Il s'agit de modéliser la cible en poupée. Les sévices appliqués à la copie seront ressentis, amoindris toutefois, par la victime. Un transfert par pur mimétisme est concevable. La même opération aurait pu vouloir causer une crise cardiaque.

On trouve de nombreuses illustrations au cinéma. Ainsi *La passion Béatrice* de Bertrand Tavernier (1987), pour le Moyen-Âge ; *Les sorcières d'Eastwick* de George Miller (1987), pour la Nouvelle-Angleterre ; et le fameux *Indiana Jones et le temple maudit* de Steven Spielberg (1984).

18. Par contagion, l'individu (bouts d'ongles, règle 1) se retrouve « enfermé » dans le sac. Ses aspirations seront alors « étouffées ». Avec une photo, la même opération aurait agi par mimétisme.

19. Dans la vague des films de *Superman* — l'Hercule de l'empire étasunien — on s'était fait passer *Superwoman*, un navet. Mais une scène du film m'est restée en mémoire, celle où la « méchante » jette un sort au beau héros amoureux de Superwoman. La recette du charme m'avait frappé. Une araignée et une mèche de cheveux du héros sont placées dans la coquille vidée d'une noix de Grenoble. Puis la sorcière prononce des mots étranges pendant qu'elle ficelle hermétiquement les deux parties de la coquille.

Les spectateurs qui ont visionné le film ont accepté cette scène sans réticence. Pourtant, après leur avoir rappelé la scène, quand je demandais « Pourquoi ces opérations ? Pourquoi l'araignée ? », certains manifestaient un début de réponse, mais finissaient tous par conclure :

— C'est de la magie ! Ce n'est pas vrai.

— Alors pourquoi pas un coquillage que j'envelopperais dans une feuille de palmier et que je ferais bouillir dans de l'huile ?

Là, mes auditeurs se mettaient à réfléchir. L'araignée évoque la toile, donc la capture. La mèche prise avec l'araignée désigne la cible. Charmer quelqu'un équivaut à capturer son attention. La ficelle permet de conserver l'effet, et l'incantation de préciser quel pouvoir la sorcière peut tirer (avec une certaine poésie) de son montage pour l'appliquer à « mèche de cheveux ».

20. Cette croyance vient de l'Afrique noire. Si le nom d'un individu peut prendre sa place, changer de nom, c'est déjouer la maladie qu'a lancée sur nous un sorcier. Une « contre sorcellerie » par mimétisme inversé !

Dans ses carnets de voyage, publiés dans *Voyage au Congo* (1927), André Gide note que prononcer l'ancien nom du malade peut le terroriser. La croyance aux sorciers permet difficilement d'avoir plusieurs voisins inconnus, une nécessité de la vie urbaine.

Par contre, la pensée magique est fort utile dans un monde social peu développé. Espérer que la pluie va venir parce que je l'appelle s'avérera fort décevant. Mais croire qu'un ami viendra vous aider parce que vous êtes blessé vous donnera le courage de patienter. Et l'ami viendra souvent. Si vous lui dites que vous l'avez appelé en esprit, il conclura lui aussi que la pensée magique fonctionne, car il a pensé à vous. Mais pourquoi ? Il ne vous avait pas vu depuis trois ou quatre jours. Comme c'est un ami, il est venu prendre des nouvelles.

Mais croire que les amis répondront à un appel mental ne sert à rien si vous n'avez pas d'amis. La magie s'est développée rapidement dans des milieux sociaux faiblement organisés. Les Romains si superstitieux en sont un cas exemplaire. Si les Africains sont si fragiles aux superstitions, c'est qu'ils furent les premiers à vivre en grand nombre dans des conditions légales et institutionnelles quasi inexistantes. L'éducation manque sur le continent africain. Nous sommes si bien instruits dans nos sociétés riches que nous ne savons plus ce que sont les impacts de l'ignorance sur la vie des gens. Voici deux exemples modernes.

**Les voleurs de pénis**, La Presse, 23 avril 2008 (résumé)

Treize sorciers qui lançaient des sorts pour s'approprier la virilité d'un autre homme ont été arrêtés par les autorités de Kinshasa au Zaïre. Ces arrestations ont eu lieu après qu'une vague de panique eût conduit à des tentatives de lynchage. Ces arrestations avaient pour but d'apaiser la population.

**Gigantesque fraude à Wall Street**, 2009 (résumé)

Bernard Madoff possédait l'une des principales sociétés d'investissements à Wall Street, très active dans le développement du Nasdaq, dont Madoff fut président de 1990 à 1993.

Madoff s'est servi de sa notoriété pour monter un fonds d'investissement spéculatif discret, géré par une société parallèle, au profit d'une vingtaine de clients ; des banques, des fonds et de grosses fortunes personnelles, auxquelles il offrait 17 % de profit par an. Madoff aurait ainsi recueilli un montant de 17 milliards de dollars US.

L'analyste financier américain Harry Markopoulos avait, dès 1999, informé la SEC (organisme fédéral de réglementation et de contrôle des marchés financiers) des activités de Madoff. Intrigué par les taux de profit proposés, il soupçonnait une chaîne de Ponzi. Il s'agit d'un système de vente pyramidale, une forme d'escroquerie consistant en la promesse de profits très intéressants, financés par l'afflux progressif de capitaux, jusqu'à l'explosion de la bulle spéculative ainsi créée. Charles Ponzi utilisa ce système en 1921 à Boston. Il devint millionnaire en six mois.

Madoff payait les intérêts des premiers investisseurs avec le capital apporté par les derniers entrés. La chute des marchés financiers fin 2008 poussa certains clients à retirer leurs fonds. Début décembre, Madoff fait face à des retraits de 7 milliards de dollars qu'il est incapable de payer. La SEC craint que la fraude n'avoisine les 50 milliards de dollars US, soit la plus grande fraude réalisée par un seul homme.

# VI

## PLATON :
## L'ÂME ET LES
## « FORMES » PURES

### L'ANGLETERRE DE L'ANTIQUITÉ

La Grèce antique ne fut jamais un pays comme le XX<sup>e</sup> siècle en connut. Le « monde grec » est un rassemblement de cités militaires sur le pourtour d'une immense mer intérieure, la Méditerranée. Règle générale, dans chaque village, on trouve un équipement de guerre pour chaque homme du foyer.

Établies sur de minuscules bandes de terre à l'extrémité ouest de la civilisation, les jeunes cités grecques sont prospères. Certains verront surgir des armées gigantesques, mais peu convaincues, maladroites au combat en montagne comme en mer. Le peuple grec repoussera l'envahisseur à chaque occasion. (C'est la résistance aux envahisseurs normands qui unira en royaume la « grande » Bretagne vers l'an 1000.) Quelques villes artisanales au cœur d'un monde rural. L'idée d'un pays uni n'a pas effleuré l'esprit pourtant ingénieux des anciens Grecs. Leurs villes s'étaleront sur la côte turque, dans les îles de la mer et le sud de l'Italie, surnommé « la Grande Grèce ». Leurs navires commerceront avec la côte africaine, l'Égypte surtout.

Vers -1700, un peuple grec qui adore Aphrodite (Vénus) s'installe dans la grande île de Chypre, près de la côte turque. Les Grecs font de la poterie. Plus à l'ouest, sous la péninsule grecque, l'île de Crête est conquise par les Mycéens vers -1400. Ce peuple utilisait un alphabet au tracé filïforme, surnommé « linéaire B ». On crut d'abord à un dialecte égyptien, mais c'était du grec ! Or, les alphabets grec et hébraïque sont proches cousins. Vers

-1200, surgissent du nord les Doriens. Ils chassent de Grèce les Achéens dont ils sont cousins. Les éleveurs et les cultivateurs de Sparte ont gardé les traits de leur culture guerrière. Derniers arrivés, les « fils d'Héraclès » abordent la Grèce continentale vers -1000. Ils ne maîtrisent pas l'écriture, mais les divinités qu'ils honorent sont semblables à celles des deux premières vagues de colons. Une branche distincte, donc.

Une dernière caractéristique vient compliquer le casse-tête de l'origine des Grecs. Les Dieux fondamentaux du panthéon grec sont d'inspiration agraire, où le ciel, la foudre, la pluie et la terre ont un rôle déterminant sur les conditions de travail (pour les marins aussi, mais différemment). Les dieux Ouranos, Apollon et Zeus viennent de la culture indienne, plus ancienne. Par ailleurs, il n'existait aucun clergé officiel à Athènes. Un peuple loin de ses origines, migrant par vagues, qui cultivait le sol, apprit à pêcher puis apprivoisa la navigation côtière.

Qu'est devenu le lien au sacré ? Qui l'entretient ? Ce sera le rôle de l'aède, un poète. S'il est aveugle, il entend et mémorise d'autant mieux. Mis en vers, les mythes se retiennent aisément. Venus d'une tradition lointaine, les récits des aèdes racontent un épisode de l'histoire des Dieux et de leur descendance parmi les hommes. Ces mythes conservent des agissements exemplaires, porteurs de valeurs et de justifications des conditions de vie de la communauté.

## LE COUPLE POSÉIDON-ATHÉNA

À sa « table ronde », le roi Zeus accueille onze autres dieux. Dans ce cercle, six couples divins opposés sont formés. Assise face à Poséidon, maître des océans, se tient Athéna, déesse de la raison. La progéniture de Poséidon (Neptune pour les Romains) est capricieuse et indisciplinée. Le maître des océans gouverne les chevaux sauvages et la mer se déchaîne sous sa colère. Quant à Athéna, on la montre les yeux bandés, tenant une balance. Elle protège l'équité et le jugement sans parti pris du cœur. Le cheval dompté et le rusé Ulysse sont sous sa protection.

134

Cette opposition entre une nature indomptée et l'intelligence prévoyante résume la situation du marin grec. Il vogue sur de minuscules embarcations, parfois sans repères. Les Grecs découvriront l'huile à bronzage, l'huile d'olive, élément essentiel pour protéger la peau quand l'océan agit en miroir solaire des jours durant. Les étrangers les appelleront « les hommes à la peau verte ».

Naviguer sur de longues distances exigera des Grecs la conception d'un système de navigation amélioré. Il fallut munir l'arrière des navires d'un gouvernail, sa queue de poisson, pour pouvoir naviguer contre la volonté des courants en se servant des vents. Et même alors, le marin devra rester éveillé de longues heures et habiter sur son lieu de travail. Il consultera les étoiles pour se guider, comme les bergers, les mémorisant en images folkloriques, tels Orion et sa massue.

Une fois la lotion à bronzage sur la peau, le gouvernail en main et les étoiles en tête, les navigateurs « prirent le large ». Les embarcations grecques reprendront à leur compte les comptoirs commerciaux de la Phénicie (l'actuel Liban) autour de la Méditerranée. Sur leurs petits voiliers, les Grecs passeront Gibraltar, longeront les côtes d'Europe, se rendant via la manche jusqu'à Saint-Pétersbourg en Russie, au fond de la mer Baltique. Ils seront les meilleurs navigateurs de l'Antiquité. Les Portugais accompliront autour du globe un exploit au mérite similaire 2 000 ans plus tard. Les Anglais égaleront les Grecs pour ce qui est des comptoirs commerciaux et des îlots de civilisation.

**Archimède** (vers -287, -212 Syracuse, Sicile)

Astronome, son père, aurait amorcé son instruction. Le jeune Archimède aurait parachevé ses études à l'école d'Alexandrie. Du moins, il aurait entretenu une correspondance avec les professeurs de l'école. Ses découvertes font de lui un ingénieur, un physicien et un mathématicien. Un grand nombre d'inventions lui sont attribuées (la vis, l'écrou, la roue dentée et des machines de guerre), certains faussement (la vis sans fin, rapportée d'Égypte, qui sert à pomper l'eau). Il démontra qu'à l'aide de poulies, de palans et de leviers, l'homme peut soulever bien plus que sa force brute ne le permet.

Hiéron II, roi de Syracuse, prend Archimède à son service en qualité d'ingénieur. Il participe à la défense de la ville, assiégée. Les catapultes d'Archimède empêchant l'attaque de front ; le général Marcellus prend Syracuse à revers, débarquant sur une plage au petit matin. Il souhaitait épargner le vieux savant, mais Archimède, concentré à faire des calculs dans le sable, critiqua un soldat marchant sur ses figures. L'homme le tua. Les Romains utilisèrent son appareil à mesurer les distances (odomètre) pour que les journées de marche de l'armée soient identiques.

Contrairement à ses inventions, les écrits mathématiques d'Archimède sont peu connus dans l'Antiquité. Géomètre de grande envergure, il s'est intéressé à la numération et à l'infini, proposant un système ingénieux pour l'expression de très grands nombres. Il a exécuté la quadrature d'une spirale qui porte son nom et trouvé une méthode d'approximation de $\pi$ à l'aide de polygones réguliers. La méthode d'exhaustion et l'axiome de continuité (présentée dans les *Éléments* d'Euclide, proposition 1 du livre X) font d'Archimède un précurseur du calcul infinitésimal. Douze traités de lui nous sont parvenus. En 1906, d'autres écrits de ce grand savant qu'on croyait perdus ont été découverts sur un palimpseste.

L'eau, dont les Grecs font la source de la vie, semble d'ailleurs les préoccuper. Archimède (le Galilée de l'Antiquité) rédigea un traité au sujet des corps flottants qui établit une physique de base pour la construction de navires. Une branche d'arbre, pourtant lourde à déplacer, flotte sur l'eau. Pourquoi ? Parce qu'une branche d'eau, à volume égal, est plus lourde que celle de l'arbre. Bref, le bois flotte parce que plus léger que l'eau, et la pierre coule parce que plus pesante. Qu'y a-t-il de nouveau ?

Le raisonnement d'Archimède parle de « volume déplacé », peu importe les matériaux concernés. On peut déduire que le volume de la partie immergée de la branche correspondra au volume d'eau que peut déplacer le poids entier de la branche. Pour qu'un corps flotte, il faut donc que pour un même poids, le volume d'eau soit plus petit que le volume de bois. Dit autrement, plus la densité d'un matériau avoisine celle de l'eau, moins il flotte. Voilà ce qu'a compris Archimède.

# L'INVENTION DU CLAVIER ÉTENDU

Vers -800, l'usage de l'écriture réapparaît dans le monde grec. Un système amélioré, notant les voyelles entre les consonnes. Déchiffrer les inscriptions composées uniquement de consonnes est un travail difficile quand on ne connaît pas le sujet du texte. Ainsi, l'inscription PP sert pour papa, père, pape, pope, pipe ou pipi ! Les consonnes notées servaient d'aide-mémoire aux scribes. La notation avec voyelles provoqua une véritable révolution dans la manière de rédiger, conserver, évaluer et utiliser un récit. (Luc Brisson présente de nombreux effets de cette innovation dans *Sauver les mythes*, Vrin, 1996. Nous reprenons ici librement en cinq points.)

## 1. Décrire et conserver

L'usage de consonnes dures (BDPKT), de la rime et d'un rythme de prononciation stimule le rappel des mots. Avoir à faciliter la mémoire posait de sérieuses contraintes à l'écriture. Libéré de ce carcan, l'écrivain peut rendre compte dans un style simple des conversations et des événements, tout comme des paysages, des costumes ou de l'architecture d'un lieu.

La vue étant privilégiée par rapport à l'audition, au lieu de mémoriser et répéter comme l'aède, le scribe devient « historien ». Il va raconter ce dont il fut « témoin » plutôt que ce qu'il a entendu. Les parchemins étant corruptibles, leur accumulation obligera les copistes (le photocopieur de l'Antiquité) à remplacer en priorité les plus utilisés, souvent les plus fiables, les plus utiles ou les plus cités (« l'effet Google »). Un « darwinisme des écrits » prendra effet dans l'histoire. Il existe d'ailleurs toujours de nos jours. Les bibliothèques doivent faire une cure périodique d'amincissement en se débarrassant des livres en trop, « le poids mort ». Ça ne se produira pas de mon vivant sur Internet !

## 2. Estimer et établir les textes

Les versions orales étaient sans contrôle, peu pratiques à comparer. Le stockage de documents écrits pourra servir à comparer diverses versions et diverses sources, simplement en plaçant les versions côte à côte. Le lecteur pourra « travailler » les textes, séparer les faits obtenus par ouï-dire, par exemple, de ceux observés ou obtenus d'un témoin identifié. Il deviendra possible d'établir « un texte de base », facile à reproduire, qui servira de référence pour juger l'apport d'une version nouvelle (ainsi sont nés Bible et Coran officiels). La lecture publique de récits deviendra une activité sociale et l'enseignement de l'écriture un métier. Histoires, récits et narrations diverses hériteront d'un contenu normalisé, nos souvenirs et le passé aussi.

### 3. Définir et raisonner

Une fois mis en mots, les « éléments » d'un récit peuvent être triés en tant que témoignage, description, opinion ou spéculation, par exemple. Des passages sélectionnés peuvent être ordonnés, résumés ou cités, puis liés par une argumentation qui « présente » un raisonnement. Comment concevoir une preuve de géométrie ou un livre de comptabilité sans une écriture organisée sur « une surface d'écriture » ? Le parchemin, le tableau noir, une plage de sable comme la feuille blanche offrent un « espace d'organisation » à la raison, tout comme la scène d'un théâtre est un espace d'expression des mœurs. L'écriture n'amplifie pas seulement la mémoire, mais, plus globalement, la capacité des humains à déduire. Qui peut entendre la « forme » d'un raisonnement ? Par contre, nous pouvons observer cette forme dans la disposition visuelle des éléments d'un texte (voir *Le petit missel de la raison*, chap. 4).

### 4. Concepts et discours

Au dire d'Homère et d'Hésiode (les deux sources officielles de la mythologie grecque), les dieux commettre l'adultère, volent, mentent, violent et tuent ; des comportements intolérables. Pire, l'Hadès (Enfer) d'Homère est « injuste ». Que l'on ait été bon ou mauvais est sans importance, nos âmes iront toutes errer sous terre. Pas très rassurant.

Si les mythes fixent pour l'ensemble de la communauté un modèle à suivre, ils ne supportent ni questions ni explications. Le pouvoir s'y exerce selon un mode politique devenu étranger à la société de marchands qui se développe, et à la démocratie. Si les histoires des dieux contiennent une sagesse ou un enseignement, ces modèles sont à clarifier. Un exemple. Pourquoi l'idée de justice prend-elle pour symbole une vierge, bandeau aux yeux, qui tient une balance ?

Une image constitue l'expression intuitive d'un « principe ». La justice est « vierge », sans « histoire » ; elle juge tous les citoyens également. Elle ne distingue pas les gens proches d'elle des autres citoyens. Le népotisme (favoriser l'emploi d'un neveu) est condamné par la démocratie. Pourquoi le bandeau ? Pour juger équitablement les étrangers comme ceux qu'on connaît. En démocratie, en principe du moins, la justice est la même qu'on soit musulman ou catholique, Blanc ou Noir, homme comme femme. La loi proscrit le racisme et l'appel à la haine contre une minorité, tout comme donner l'avantage aux gens du coin. Pourquoi une balance ? Parce que les peines encourues doivent avoir le même « poids » pour tous. Du moins en théorie.

Le concept de « justice » peut se raconter en raisonnant sans images, permettant de poser un regard objectif et un jugement impartial sur les actes des individus et des communautés.

### 5. Le libraire

Des projets d'encyclopédies spécialisées seront en germe, surtout en médecine et en mathématiques. Des catalogues de rouleaux (volumes) seront compilés. Des « comptes » seront exigés des dirigeants locaux ou des subalternes. En servant de modèle de rédaction les uns aux autres, les lois, les conventions, les traités et les contrats commerciaux et la comptabilité seront standardisés. De la politique à la religion, en passant par l'économie et la médecine, toutes les sphères d'activités humaines seront progressivement mémorisées et leur présentation normalisée par l'usage de l'écriture.

Il faudra aussi conserver les parchemins et pouvoir les retrouver. Ainsi sont nés les bibliothèques de Pergame en Grèce et d'Alexandrie, en Égypte, cette dernière fondée par Alexandre le Grand, et ayant port sur la Méditerranée.

Alexandrie fut un grand foyer culturel, longtemps deuxième cité de l'Empire romain. À la mort d'Alexandre, l'un de ses généraux, Ptolémée I$^{er}$, avait reçu l'Égypte en partage. Il fit construire en -288 un musée (*Museîon* = palais des Muses) abritant une université, une académie et la bibliothèque (estimée à 700 000 rouleaux au temps de César). Il demanda que chaque région connue envoie ses œuvres pour les traduire en grec. Tout navire faisant escale à Alexandrie devait remettre les rouleaux contenus à bord pour être reproduits. Nous savons qu'en -47, César fit incendier la flotte d'Alexandrie. Se propageant aux entrepôts, le feu aurait détruit une partie de la bibliothèque et de 40 000 à 70 000 rouleaux dans un entrepôt à côté du port.

Vers -200 en Grèce, Eumène II de Mysie fonde une bibliothèque (200 000 rouleaux) et un centre de recherche à Pergame, faisant concurrence à Alexandrie. La ville possède une industrie prospère qui fabrique des tissus, de la céramique et des parchemins (*pergamênê* = « peau de Pergame », devenu « parchemin »), dont l'industrie s'est développée après l'interdiction par Ptolémée V d'exporter le papyrus égyptien. Pergame attira sculpteurs et philosophes. La ville devint l'un des grands centres culturels, avec Athènes et Alexandrie. S'y développera un centre médical de grande renommée d'où sortira le médecin Galien.

# UN PHILOSOPHE DANS UNE CITÉ GUERRIÈRE[1]

Ces changements dans la conservation et la transmission du savoir, combinés à l'essor du commerce naval et à la perte des traditions anciennes, ruineront le statut des aèdes et la crédibilité des mythes. Le lien au sacré étant brisé, une crise d'athéisme frappera les intellectuels grecs. Les dieux des peuples noirs sont noirs, ceux des peuples blancs sont blancs ; si les chevaux vénéraient des dieux, ceux-ci auraient une tête de cheval, entendra-t-on. Au côté de l'historien et du libraire apparaîtra le philosophe.

On présente souvent Socrate en décrocheur que sa femme harcèle. Un simple soldat qui jamais ne chercha gloire ou fortune et demeura humble dans son métier d'accoucheur des esprits. Il n'a laissé aucun écrit et aucun signe extérieur ne le distinguera du sophiste le plus ordinaire. Il s'est imposé dans l'histoire

---

1 — Cette section est de lecture optionnelle pour mes élèves. On peut poursuivre à la section suivante : Un procès politique, page 145.

comme le philosophe par excellence. Je vois l'homme autrement aujourd'hui. En replaçant les faits et gestes, avec l'expérience des humains qu'apporte le temps, expérience parfois coûteuse, j'ai « lu » une tout autre histoire. Je raconte.

Les villes antiques étaient très petites. Athènes occupe, intra-muros, une superficie de moins de 4 km². La Rome de César est à peine plus grande. Comme Alexandrie et Marseille, Athènes jouit d'une baie à l'abri des vagues. Depuis le port, la ville monte sur deux paliers vers une place fortifiée qui protège la baie et veille le lointain. Vers -1400, Athènes devient un centre important de la civilisation mycénienne. Au contraire d'autres villes ioniennes, elle est épargnée lors de l'invasion dorique vers -1200. Les généra-tions futures d'Athéniens affirmeront être des Ioniens purs et maintiendront ne pas s'être mélangés aux Doriens.

Entre -800 et -600, Athènes redevient un important centre du monde grec. Son emplacement central, son fort sur l'Acropole et l'accès à la mer l'avantagent sur Thèbes et Sparte, ses rivales. Athènes soumet d'autres cités et villages de l'Attique, devenant la ville la plus grande et la plus riche qu'aura connue la civilisa-tion grecque. Cependant, une vaste majorité de citoyens sont ex-clus de la vie politique par les nobles. Un mécontentement social se répand, des troubles éclatent. Solon, un législateur, est chargé de rédiger une nouvelle constitution, adoptée en l'an -564. Cette réforme libère l'économie, diminue le pouvoir des nobles et fa-vorise l'émancipation du pouvoir marchand. Les Athéniens sont scindés en quatre classes inégales, selon leur richesse et leur capacité au service militaire. La classe la plus pauvre et la plus nombreuse a droit de vote, mais pas celui de siéger. Ce sont les premiers pas vers la démocratie.

Chef très populaire élu en -541, Pisistrate conserve le pouvoir de force. Il fait d'Athènes un centre riche, puissant et culturelle-ment important, favorisant le développement de la flotte. Après sa mort, un homme radical d'origine noble, Clisthène, prend le pouvoir en -510 et instaure la démocratie à Athènes. Ses réformes remplacent les quatre tribus par dix *phylai* (groupes d'électeurs). Chaque groupe élit cinquante membres à la *Boulé*, un conseil qui gouverne la ville au jour le jour. L'assemblée est ouverte à tous les citoyens et fait office de législature et de cour suprême.

En -499, Athènes envoie des troupes aider les Ioniens qui se rebellent contre l'Empire perse. Cette initiative provoque deux tentatives d'invasions de la Grèce, les « guerres médiques ». En -490, les Athéniens battent définitivement les troupes du roi Darius à Marathon. En -480, les Perses reviennent sous le commandement de Xerxès, fils de Darius, mais l'alliance grecque écrase la flotte perse à Salamine. À la suite de ces victoires, la Ligue de Délos est constituée, une alliance dominée par les Athéniens. La période comprise entre la fin des guerres médiques et la conquête macédonienne (donc entre -480 à -340) marque le zénith d'Athènes en tant que centre culturel, artistique et philosophique.

Socrate naît vers -469. Parvenu à la trentaine, on le retrouve dans l'entourage de Périclès, un homme politique qui favorise la démocratie et la puissance d'Athènes. La « guerre du Péloponnèse » est déclenchée en -431 contre Athènes pour sa domination écrasante des autres villes. Ce conflit marque le déclin militaire de la cité.

Bon combattant, Socrate sauve la vie à quelques personnes et semble s'introduire dans la sphère du pouvoir. Âgé de 54 ans, bien en vue, en -414 il épouse Xanthippe dont il aura trois fils.

Socrate avait résisté, entre autres, aux Trente Tyrans, refusant d'obéir aux gens de l'entourage de Critias qui lui ordonnaient de leur amener Léon de Salamine, un riche démocrate, pour qu'il fût mis à mort. En -403, la démocratie est rétablie à Athènes par Trasybule et Anytos (un accusateur de Socrate quatre années plus tard).

En − 399, âgé de plus de 70 ans, Socrate est accusé d'impiété, de corruption des jeunes et de pratiques religieuses douteuses. Le compte-rendu de Phédon est fait à Platon l'année suivante. Ce dernier rédige le dialogue vers -380.

Durant les cinquante prochaines années, une série de querelles opposeront entre elles les villes de Sparte, Argos, Thèbes, Corinthe et Athènes, affaiblissant l'ensemble de la Grèce continentale. Tandis que les Grecs se chamaillent, plus au nord la Macédoine monte son armée. En -338, les troupes de Philippe battent les Grecs à Chéronée, mettant définitivement fin à l'indépendance d'Athènes.

### Philosophes et démocratie à Athènes
### Chronologie

**Socrate / Platon / Aristote**

**Athènes (et le monde grec)**

v. -1400 Les Mycéniens conquièrent l'île de Crète, puis la Grèce. Athènes est fondée, un port de mer naturel.

v. -1200 Depuis le nord, les Doriens envahissent le monde mycénien, mais Athènes résiste.

v. -800 L'écriture grecque apparaît

750-580 Expansion coloniale d'Athènes grâce à son empire naval aux dépens de Spartes et Thèbes.

564 Solon libère l'économie marchande.

| Socrate / Platon / Aristote | Athènes (et le monde grec) |
|---|---|
| | 508 Réformes démocratiques de Clisthène à Athènes. Dix groupes élisent les 500 membres de l'assemblée législative. |
| | 499-480 Guerres contre les Perses du roi Darius, puis de son fils Xerxès |
| | 478 Confédération de Délos. Association des villes grecques dominée par Athènes (jusqu'en 404). |
| 470 Naissance de Socrate. | |
| | 459-446 Les villes de Grèce en guerres fratricides. |
| | 441-429 Socrate dans l'entourage de Périclès, dirigeant soutenant l'eugénisme athénien. |
| v. -428 Naissance de Platon. | |
| 430 Socrate soldat à Samos. | 431-404 Nouvelles guerres fratricides, dites du Péloponnèse, contre la domination d'Athènes, dont la puissance décline. |
| 429 Socrate sauve la vie à un citoyen bien en vue durant une bataille. | |
| 423 Mariage de Socrate, devenu prospère. | 410 La démocratie est rétablie à Athènes. |
| 406 Socrate nommé président du conseil. | |
| 404 Socrate refuse l'ordre des Trente d'arrêter un citoyen. Il est emprisonné. | 404 La paix et un gouvernement des « Trente Tyrans » sont imposés à Athènes. |
| | 403 Un gouvernement démocratique est rétabli à Athènes par le parti d'Anytos. |
| 399 Platon rédige une quinzaine de dialogues mettant en scène Socrate. | 399 Socrate accusé d'impiété et de corruption des mœurs par Anytos. Il est condamné à mort par 280 voix contre 220. |
| | 395-371 Spartes en guerre contre Corinthe, puis contre Athènes et Thèbes, ce qui met fin à la suprématie de Spartes à Leuctres en -371. |
| 388-387 Voyage de Platon dans le sud de l'Italie. Vendu comme esclave par Denys I de Syracuse à des Spartiates, il est racheté par des pythagoriciens. Au retour, Platon fonde l'Académie. | |

| Socrate / Platon / Aristote | Athènes (et le monde grec) |
|---|---|
| 385-370 Rédaction du *Phédon*, du *Banquet*, de la *République* et du *Phèdre*. | |
| 367-366 Retour à Syracuse pour éduquer Denys II, le fils. À la suite d'incidents politiques, Platon est emprisonné durant une année. | |
| | 359 Philippe II devient roi de Macédoine. |
| v. 347 Platon meurt durant la rédaction des *Lois*. | |
| | 338 Philippe soumet Athènes. |
| | 336 Philippe assassiné. Son fils Alexandre devient roi de Macédoine. |
| 335 Aristote de retour à Athènes. | |
| | 323 Mort d'Alexandre le Grand. |
| | 322 Mort d'Aristote. |

## UN PROCÈS POLITIQUE

L'oracle d'Apollon aurait dit de Socrate qu'il était l'homme le plus sage de Grèce. Le genre de réputation qui ne vous fait pas que des amis. Tout comme d'être été associé à un groupe à tendance eugéniste qui prône une politique extérieure agressive. Les guerres incessantes pour dominer les autres villes ont affaibli Athènes et ont nui à l'économie. En entrant au Portique Royal, Socrate apprend qu'un certain Mélétos a porté plainte contre lui pour impiété, corruption de la jeunesse et introduction de nouvelles divinités. L'accusateur officiel n'est qu'un poète médiocre. Derrière l'homme de paille se tient un certain Anytos, un politicien, partisan modéré de la démocratie.

Dans l'*Apologie de Socrate*, Platon a exposé l'examen critique de la plainte par Socrate. Seule l'arrogance du vieux philosophe peut expliquer que l'assemblée ait penché, marginalement d'ailleurs, en faveur de l'accusation. Le compte des votes varie d'une source à l'autre, mais ce serait autour de 220 contre 280. Une fois la culpabilité reconnue, il faut imposer une peine. Comme l'exige la justice athénienne, chaque parti suggère une sentence et l'assemblée choisit. Les accusateurs réclament la mise à mort, une demande exagérée. Il me semble que si Anytos est un politicien le moindrement doué, il doit savoir que sa demande sera refusée. Peu importe, le message est passé, le vieux philosophe devra se taire.

Personne n'a prévu que, de son côté, Socrate va demander une rente à vie pour avoir professé des années sans salaire! Le deuxième vote est moins serré, mais un tiers de ses juges considère cette rente préférable à la peine de mort. Socrate a obtenu le support politique des siens. Il est néanmoins condamné à boire la ciguë par le tribunal populaire d'Athènes, ville où il est né, ville qu'il chérit, ville qu'il ne quitta que le temps d'aller se battre pour la défendre.

La poussière retombe, les esprits se calment. Divers délais retardent l'exécution de la sentence. Socrate passe une trentaine de jours à la prison du port, dans la basse ville, où amis et jeunes admirateurs lui rendent visite chaque jour. Son ami Criton veut qu'il s'évade. Citoyen riche et influent, il s'est porté garant au tribunal que Socrate ne chercherait pas à fuir. Criton a monté un plan réfléchi avec des hommes de main et de l'or pour amener Socrate dans une ville qui l'accueillera à bras ouverts. En refusant d'exécuter l'ordre des Trente Tyrans, Socrate a sauvé un riche citoyen. De plus, sa vaillance au combat lui a acquis l'amitié de plusieurs.

Une fois encore, le comportement du philosophe étonne les siens. Socrate refuse de fuir. Aurait-il pris la même décision à 30 ans ? Qui sait ? Reste qu'il est vieux et peut, par son sacrifice, porter un dur coup à ses adversaires politiques. Qui plus est, son acte a une dimension philosophique. Lui qui aime discuter avec les jeunes a l'occasion de donner l'exemple. Au milieu du XX$^e$ siècle, Gandhi fit des jeûnes pour pacifier son peuple. Témoin de guerres fratricides, le libérateur de l'Inde préféra risquer sa vie pour peser sur la conscience des siens. Rares sont les hommes prêts à sacrifier leur propre vie pour montrer la justesse de leur conviction. Le dialogue intitulé *Phédon* est le testament d'une telle tentative.

146

Phédon ne racontera à Platon les dernières heures de Socrate qu'un an après l'incident. Pourquoi un si grand délai ? Platon ne rédigera son compte-rendu qu'entre -385 et -380, soit plus de quinze ans plus tard. Il s'agit donc d'une reconstruction toute platonicienne de ce que durent être les dernières heures de Socrate. Pourquoi Platon n'a-t-il pas assisté au dernier entretien de son maître ? Il était malade, semble-t-il. Il demeure que sa famille est profondément impliquée en politique. L'indisposition tombait bien. Quand il rédige le *Phédon*, Platon est un homme mûr. Il veut expliquer pourquoi son maître a choisi librement et sans peur de mourir noblement.

La grande majorité des œuvres de Platon sont des dialogues qui mettent en scènes l'interrogation socratique. De ce travail émergera la théorie des « idées pures », point de contact entre les deux hommes. Mais la motivation profonde de Platon demeure la recherche d'une manière correcte de vivre et l'établissement d'une société juste où il serait impossible, voire impensable, d'y condamner des philosophes. Les derniers écrits de Platon, *La république* et *Les lois*, témoignent de cet effort.

**Amanda J., décembre 2009**

Je me pose souvent plein de questions et je n'ai aucune réponse qui tient la route. C'est là que la philosophie entre en jeu (...) elle fait des hypothèses. Une des questions que souvent on se pose, c'est comment vivre avec la mort ou encore le deuil. C'est un sujet qui reste souvent sans réponse, croyant ou pas. (...) Quand on est jeune, on ne comprend pas trop. On préfère croire que tout le monde est éternel. Mais quand on grandit, c'est une tout autre réalité. C'est dommage qu'on ne puisse pas aller consulter des philosophes comme on consulte des psychologues.

Comment vit-on un deuil ? (...) en tant que croyante, je serais supposée avoir la réponse, mais non. (...) Je ne dis pas que la philosophie m'a fait passer à travers mon deuil, mais elle a pu me faire comprendre que l'important ce n'est pas de tout savoir, mais d'essayer de connaître (...) Lorsque quelqu'un meurt, on ne devrait pas pleurer pour le corps inerte qui se retrouve dans le cercueil. Au contraire, on devrait verser des larmes pour les idées que la personne (...) ne nous a pas laissées. Ma mère a été aux funérailles de mon oncle. (...) Ma mère est revenue avec des cahiers qu'il possédait. (Il y écrivait) ce qui lui passait par l'esprit.

## La dernière coupe

La mort pouvait être donnée par la chute du haut d'une falaise ou par l'exposition aux intempéries, en attachant l'individu à un arbre. Plus cruelles encore étaient la lapidation et l'immolation. Ingurgiter la ciguë est un mécanisme qui offre une fin noble au condamné. D'ailleurs, accepter de boire une dernière coupe de vin est un geste volontaire qui déresponsabilise la cité de la mort du condamné.

C'était un jour de février ou mars -399. Ce matin-là, les visiteurs avaient dû attendre, précise Phédon ; les autorités venaient s'assurer que tout était conforme pour que Socrate meure le jour même. Pourquoi cette attente ?

La ciguë est une plante herbacée bisannuelle de la famille des Apiacées (Ombellifères). En font partie la carotte, le céleri, le panais et le persil. La ciguë a pour particularité de contenir un venin paralysant. À éviter dans le bouilli. La préparation de la coupe empoisonnée doit être réalisée sur place, en quantité précise pour obtenir « une dose mortelle » à effet non brutal, et doit être bue jusqu'à la dernière goutte. Après ingestion, le condamné doit marcher pour favoriser la diffusion rapide des toxines dans l'organisme. Les spasmes, les yeux exorbités et le faciès tragique des intoxiqués par la ciguë ne correspondent pas à la sérénité de Socrate que mentionne Phédon. La boisson devait contenir d'autres poisons, comme le datura, pour en renforcer la toxicité, et de l'opium, pour engourdir l'esprit et neutraliser les convulsions. L'alternative est que Phédon a fermé les yeux sur les derniers instants du « corps ».

## Une analyse de l'existence

Mais Socrate ne se contente pas de mourir, il meurt après avoir parlé de la mort. Nous avons vu au chapitre 4 que la conception cyclique du temps fait naître la vie à partir de la mort du cycle précédent, donnant une utilité à la nécessité de mourir. Mais ici, c'est une mort personnelle qu'il s'agit du justifier, celle de Socrate. Où la vôtre.

La mort est inévitable, elle rend la jouissance de ma liberté illusoire. Quand j'imagine ma journée ou ma vie à venir, je leur donne un sens en concevant des projets. Mais envisager ma mort efface tout espoir de réalisations « à long terme ». Je vais mourir un jour et tous mes projets s'arrêteront. Ma pensée vit d'imaginer des futurs possibles : c'est pourquoi j'ai le sentiment d'être libre. Or, l'inéluctable de la mort, son indifférence à mon égard, prive ma pensée de toute liberté à son sujet. Nous ne serons jamais libres de mourir.

Sous la plume de Platon, Socrate va donner un sens à sa mort en distinguant l'action de mourir de l'état « être mort ». Socrate veut se distancier du cadavre qu'il laissera derrière lui. La mort ne termine que ce qui est sans nom propre, le cadavre ; l'essentiel lui échappe. Cela ne soustrait pas le philosophe à sa mort, mais, en examinant le sens de l'expression « être mort », il lui retire son caractère absurde et son aspect effrayant. Le *Phédon* n'est pas un texte tragique. Au contraire, il porte à mourir avec calme. C'est un homme heureux et serein qui nous a accueillis, rapportera le jeune Phédon au sujet du dernier jour de Socrate. (Jean-Paul Sartre accomplira un tracé similaire 23 siècles plus tard, en remplaçant l'âme par le droit à disposer de sa vie individuelle en toute liberté, n'ayant nulle obligation ou mission à accomplir. Voir tome 4.)

Dans la preuve de l'immortalité de l'âme, que nous présenterons plus bas, le philosophe a pris le relais du religieux. Rappelons que depuis quelques siècles, coupée de ses origines, la culture grecque innove en technologie et développe un raisonnement argumentatif qu'aucune autorité ne pourra faire taire. C'était d'ailleurs un des enjeux du procès fait à Socrate. Platon entérine cette attitude en opposant le discours argumentatif et vérifiable, le *logos*, au récit invérifiable, le *muthos*. Le *logos* est l'outil qu'utilise l'homme sage. L'absence de peur et de révolte sont chez Socrate les signes d'une sagesse que le philosophe a obtenue en raisonnant. Mais en quoi consiste cette sagesse ?

Dans un autre dialogue, *Phèdre*, Platon précise que la sagesse du philosophe n'est pas celle du médecin pour ce qui concerne la santé, ou celle du musicien pour ce qui concerne les harmonies. Il s'agit d'une sagesse en général. Nous dirions aujourd'hui « une connaissance lucide tirée d'une expérience de vie réfléchie ». Pourquoi la sagesse du philosophe le rend-elle apte à discourir sur la mort ?

Dès le début du *Phédon*, Socrate affirme que s'adonner à la philosophie équivaut à s'appliquer à être mort. La renonciation aux plaisirs du corps n'est pas une fin en soi, mais elle facilite au philosophe l'exercice de la faculté la plus noble, celle que seul l'humain possède, raisonner. Quiconque a besoin de réfléchir à un problème complexe sait combien le silence et la concentration facilitent notre effort. Combien il est difficile de juger équitablement lorsque nous sommes en colère ! Au point où il fallut créer des tribunaux et des lois obligeant à remettre entre les mains d'un tiers parti neutre l'établissement et l'application des sentences pour les gens reconnus coupables de méfaits.

Par la bouche de Socrate, Platon va examiner comment les sens et l'intelligence se mêlent pour produire toute connaissance. Il va ainsi dégager la part de l'âme. La philosophie travaille comme la mort, en déliant l'âme de notre corps. Une fois Socrate débarrassé de son corps, il ne sera plus qu'une âme. Une fois la connaissance débarrassée de l'apport des sensations, il ne restera que des idées « pures », le contenu de l'âme.

Être mort, c'est une âme. Être mort, c'est posséder des connaissances épurées de toute sensation corporelle.

**Nicolas M., décembre 2006**

Un soir, j'étais avec mon père et je lui ai demandé ce qu'il pensait de la mort et de l'âme. Une grande discussion s'ensuivit. Il m'expliqua que, selon lui, la mort ne pouvait être une fin et que notre existence ne pouvait être le fruit d'un heureux hasard. Ensuite il me renvoya la question. Je lui expliquai les pensées de Socrate au sujet de l'âme des idées pures et de la mort : Mon père fut très intéressé par ce que je venais de lui raconter. (Il) m'a dit qu'il aurait aimé avoir un cours de philosophie comme le mien (...) Bref, cette conversation a grandement modifié la relation que j'avais avec mon père. (...) Comme vous le dites si bien, la philosophie est là pour alléger la mort.

Puis, au début de l'année, un couple d'amis de mes parents a appris une triste nouvelle. L'homme était atteint de la leucémie. Pourtant, il ne s'est jamais laissé abattre et a terminé de construire une maison pour sa femme et ses deux enfants. (Sa femme) a appris qu'elle était atteinte du cancer du sein quelque temps après la mort de son mari. (...) elle est entrée à l'hôpital et elle a appris qu'elle n'en sortirait sûrement plus. (...) Mes parents n'ont pas voulu que (nous) les accompagnions à l'hôpital (...) Malgré mon absence, mon père lui a raconté la discussion philosophique que nous avions eue.

# LA PREUVE PAR RÉMINISCENCE

## LA QUESTION SOCRATIQUE

Nous allons enrichir le raisonnement présenté dans le Phédon pour le rendre accessible à nos lecteurs. Dans les premiers dialogues où Platon met Socrate en scène, le vieux philosophe pose toujours la même question fondamentale : « qu'est-ce que ce terme que j'utilise au quotidien sans pouvoir en formuler correctement la définition ? » C'est « la question socratique ». À titre d'exemple, chacun de nous « sait » ce qu'on entend par « tomber en amour ». Mais demandez aux gens de votre entourage de formuler une définition adéquate de l'amour. La très grande majorité restera muette.

Socrate entend des citoyens dire : « voilà qui est juste », « quelle injustice ! » ou « ça prend du courage ». Pourtant, quand il demande à ces mêmes personnes ce qu'on entend par le terme « justice » ou « courage », elles ne savent pas quoi répondre. Au mieux, certains proposent des cas particuliers : « par exemple, c'est ... » Socrate a tôt fait de montrer que toute tentative de définir l'amour, la justice, le courage ou un simple cercle à l'aide d'exemples n'aboutit à rien.

## LA THÉORIE DES IDÉES PURES

Qu'est-ce que la justice ? Qu'est-ce que le courage ? Comment se fait-il que nous puissions utiliser de telles notions pour juger une situation juste ou un comportement courageux sans pouvoir préciser le sens général du courage ou de la justice ? Platon a fini par conclure que nous possédons un savoir qui n'est pas, et qui est plus que la somme des expériences sensibles où nous utilisons un savoir en partie inconnu (nous dirions inconscient).

Le savoir concerné dans ces exemples n'est pas du genre « ma mère est une femme », « les maths, c'est difficile » ou « 1 mètre équivaut à 100 centimètres ». Nos expériences de vie font plus que nous fournir des données contextuelles du genre « Athènes est une ville au climat tempéré en hiver ». Si je parle de Stockholm, l'affirmation sera tout simplement fausse. Les notions de justice, d'amour, de courage ou de cercle ne devraient pas changer de sens selon qui, où, quand, comment et dans quel contexte ces concepts sont utilisés.

Outre les plaisirs usuels, vivre serait aussi l'occasion pour la pensée de découvrir par elle-même qu'elle possède un savoir indépendant de l'expérience des sens, une connaissance dite « pure » parce que indépendante des sensations corporelles et des situations concrètes où nous utilisons cette connaissance. C'est « la théorie des idées » (ou formes pures) de Platon. Rappelons que nous sommes en moins trois cent quelques et que Platon a fondé la première école « supérieure » d'étude. Charlemagne obligera les jeunes Francs à suivre des cours élémentaires mille ans plus tard ! C'est le projet de découvrir la connaissance rationnelle que fonde Platon par son œuvre.

### Apprendre, c'est se souvenir

Nous possédons un savoir que nous avons oublié. Nous déduisons son existence en observant comment nous l'utilisons pour parler de nos expériences, pour juger ou faire de la géométrie. Aimer quelqu'un suscite en moi des sensations et des sentiments très puissants qui me font comprendre que j'aime. Mais l'amour ne se résume pas à ces expériences concrètes ni à la personne particulière que j'aime. Nous pouvons aimer différentes personnes et de manière différente au cours de notre vie. Même raisonnement pour la justice ou tout autre concept. Voilà le sens profond de la formule de Socrate : « apprendre, c'est se souvenir ».

Un bébé reçoit sur la rétine des centaines de millions de stimulations chaque dixième de seconde. En quelques mois, il parviendra à les compacter à un nombre limité d'objets. Il parviendra même à agencer ces objets dans un espace 3D qu'il a construit en croisant l'information des deux yeux avec la position de la bulle d'air contenue dans chacun des 3 canaux semi-circulaires de l'oreille interne et la pression sous ses pieds. En quelques années, un enfant parviendra à deviner l'emplacement d'objets qu'il ne voit pas et même à les classer en catégories. Ceci grâce à une fonction qui s'appuie sur les sensations du corps, mais les dépasse largement, la « perception ».

La douleur vive qui apparaît si je me pique, me brûle ou m'égratigne la peau est une « sensation ». Le bruit d'un objet qui tombe, l'odeur d'une fleur, le froid de la glace, la chaleur d'un radiateur, la douceur du miel ou d'un tissu, le rugueux de la brique comme le jaune d'une banane constituent tous des sensations. En analysant les sensations et en les liant à une représentation de son environnement formée d'objets, l'humain transforme (en les résumant) ses sensations en perceptions. Un accord mélodieux, la vue d'un chat, la formation de la glace à 0 ° C ou l'odeur d'un café latté sont des perceptions qui lient un ensemble de sensations. Plus encore le sont une courbe parabolique, un téléphone cellulaire, le panneau interdisant de tourner à droite, la taxe de vente ou l'irrationalité du nombre $\pi$.

Si naître consiste en l'union d'un corps et d'une âme, alors les éléments qui contribuent à la connaissance qu'un humain accumule durant sa vie sont des perceptions. Elles génèrent tous les concepts que nous utilisons, incluant la justice, le courage, l'égalité comme la notion de cercle. Socrate a posé le problème de la source de nos perceptions. Platon va formuler une solution qui utilisera les notions de perception, de souvenir et d'idées pures.

## L'impossibilité d'acquérir des concepts par l'expérience sensorielle seule

Pourquoi ne pourrais-je apprendre ce qu'est un cercle ou la justice par l'expérience acquise au quotidien ? De la même manière que j'apprends qu'un chien jappe ou que le contact de l'eau bouillante fait mal, par exemple. Si on me présente différents cercles, je devrais pouvoir extraire le principe ou la définition du cercle de l'examen de multiples cas. Bref, faire une synthèse du principe général à partir duquel sont construits tous les cas particuliers. En y regardant de plus près, nous découvrirons que cette explication est impossible, voire contradictoire.

Comment extraire de cas particuliers un principe général dont j'ignore l'existence ? D'ailleurs pourquoi, au départ, aurais-je sélectionné des figures rondes se rapprochant de l'idée de cercle si je ne sais pas ce qu'est un cercle ? Un exemple pratique. Imaginons un musée ou aucun panneau à l'entrée ne nous renseigne sur le sujet de l'exposition. Il faudra parcourir chaque salle et tenter de deviner le thème.

Dans la première salle, nous voyons en entrant sur une étagère un liquide violet dans un litre plein et un liquide bleu dans un litre au trois quarts plein. À côté, deux photos ont été posées sur un meuble à tiroirs : celle d'un vieillard d'allure amérindienne, à gauche, et d'une jeune fille, à droite. Sur une petite table plus loin, sont placés côte à côte dans un bol deux sphères, une en aluminium et une en fer, plus petite. Enfin, sur un distributeur de prospectus, un feuillet avec la date de 1920, où sont imprimées en photo une petite statuette filiforme en bois et une aquarelle montrant un bout de rue.

Il existe des milliers de salles comme cette première. Chacune contient diverses paires d'objets, parfois sans rapport évident entre eux. Croyez-vous pouvoir déterminer le sujet de l'exposition ? Il s'agit de divers exemples d'application de la notion d'égalité. La concentration en ion de mercure (violet) est égale à celle en ion de cuivre (bleu). La jeune fille nord-américaine a les mêmes droits de propriété que le vieillard dans leur société respective. Les deux sphères ont la même masse. Enfin, la petite sculpture de

Modigliani valait le même prix que l'aquarelle de Utrillo chez un brocanteur parisien en 1920.

Nous ne pouvons pas tirer le général du particulier, Socrate l'a montré. Quelqu'un pourrait m'aider en me proposant un échantillon susceptible de stimuler ma perception du cercle. Nous ne ferions alors que transposer le problème à cette personne. Celle-ci ayant dû l'apprendre d'une autre. Il faudrait alors régresser jusqu'au singe, qui n'en a pas la moindre idée.

Nous pouvons aussi poser à l'explication par enseignement le même argument qu'à l'explication de l'apprentissage par observation. Si quelqu'un m'apprend ce qu'est un cercle, il faut qu'il me parle ou me présente des figures. Mais avant de pouvoir utiliser ces « perceptions », ses paroles ne seront que des sons (langue étrangère) ; les figures de simples dessins. Pour pouvoir comprendre l'explication d'un professeur, je dois « entendre » et « voir » ce qu'il me propose, bref exécuter un travail de perception qui exige de reconnaître ce qu'on veut m'enseigner. En quelque sorte, il faut que j'allume (*flashe*), ce qu'un chien ne pourra jamais faire. C'est la démonstration que tente Socrate dans le *Ménon*.

Si la perception d'un cercle implique le travail d'une « forme » théorique que l'esprit (l'âme) applique à un ensemble de sensations, cette forme doit être connue pour pouvoir percevoir un cercle. Le raisonnement vaut pour la justice, le courage ou l'égalité.

## La mécanique du souvenir

Le souvenir (réminiscence en grec ancien) consiste à rappeler l'existence de quelque chose d'absent à la vue d'une autre chose. Ainsi, une mélodie qu'on entend pourrait nous faire penser à quelqu'un que nous aimons. La photo de la personne aimée agirait de même. La différence entre les deux agents stimulateurs est que la mélodie est un lien accidentel alors que la photo conduit nécessairement à réfléchir à ce qui manque à l'image (pour être plus ressemblante, moins dissemblable). De même, réfléchir au principe de l'égalité se fait à partir de l'observation de deux bouts de bois égaux dissemblables.

Notre connaissance d'une guitare est différente de celle d'un humain. À la vue d'une guitare ou de tout objet rappelant l'être aimé, l'amant voit le souvenir de cet être ravivé. C'est cela la réminiscence. Elle se fait autant à partir d'objets semblables que dissemblables. Mais la guitare et l'être aimé ont des statuts différents !

## Un manque à percevoir

Le souvenir est l'occasion de remarquer une absence. Il opère en général à partir d'une perception quelconque. Cette prise de conscience est un dépassement du « présent à mes sens » où quelque chose manque. Qui ressent un tel manque ? L'écrivain Roland Barthes remarquait que seul l'amoureux voit des intentions et des signes dans les gestes de la personne qu'il aime. C'est donc celui qui désire la chose évoquée plutôt que son souvenir qui ressent ce manque. (Sartre notera deux millénaires après Platon que si je peux voir que la personne que je cherche n'est pas là, je peux « voir » son absence.)

La « chose » absente que le « platonicien » voit dans les perceptions va en ce sens. Ce souvenir est toutefois d'une nature particulière. Par exemple, une situation injuste suscitera la conscience d'un manque à exprimer correctement ce qu'est le concept de justice pour l'amoureux qui veut posséder (avoir présent) cette connaissance. La justice évoquée n'est que devinée dans les applications que j'en perçois. Le souvenir (réminiscence) qu'évoque Socrate permet d'effectuer un saut *qualitatif* en passant d'un cas concret, basé sur des sensations, au cas général, un savoir de l'âme. Un exemple.

Deux morceaux de bois d'égale longueur appliquent la notion théorique d'égalité. Mais ces deux bouts de bois et le concept d'égalité n'ont pas le même statut. L'un est un cas concret sous mes yeux, l'autre un savoir que je conçois vaguement en esprit. Pourtant, c'est à partir d'exemples concrets que la notion théo-

156

rique de justice prend forme pour nous. Quiconque étudie sérieusement l'idée de justice analysera et commentera des cas exemplaires de justice ou d'injustice. C'est en montrant ce qu'il y a d'essentiel en eux, ou ce qui leur manque pour être plus universels d'application, que le chercheur développera la formulation la plus globale possible du concept de justice. Une fois cette « justice pure » établie comme étalon de mesure, le degré de justice d'une application particulière se mesurera à son éloignement de cet idéal.

Bref, en nous attardant en amoureux du savoir à divers exemples d'égalité, d'injustice, de cercle ou de courage, nous remarquerons un manque de « présence » du concept dans ces situations concrètes. L'examen du concept théorique nous fera conclure que cette application (occurrence) que je perçois d'une « idée pure » lui ressemble sans pouvoir s'y substituer.

Pour Socrate, la sensation est un mal et un remède à la fois. Dans l'état incarné, l'âme ne peut d'elle-même prendre conscience des notions abstraites qu'elle possède. Elle s'éveille à elle-même sous l'aiguillon de la perception. Si les sensations troublent l'esprit et suscitent les passions du corps, elles permettent le rappel d'un « passé » sans sensations, celui des formes pures contenues dans l'âme.

## Un passé d'avant ma naissance

Ce manque que ressent l'amoureux du savoir assure en nous pour Socrate l'existence de concepts théoriques (idées pures) préalables et nécessaires à toute perception. Aussitôt nés, nous vivons de sensations que nous apprenons à organiser en perceptions. Pourquoi alors ces connaissances ne sont-elles pas toutes disponibles dès la naissance ?

L'oubli de ce savoir tiendrait à l'incarnation de l'âme, condition essentielle à la vie terrestre. La médiation du corps oblige la prise de sensations, puis la perception de cas particuliers, puis la conscience d'un manque de pureté de l'exemple et, de là, la réminiscence. C'est pourquoi l'âme ne peut se souvenir d'expériences ou d'épisodes vécus durant d'hypothétiques existences antérieures. À chaque mort, l'âme abandonne le corps et la partie matérielle de son séjour est à jamais perdue, car l'élément qui aiguillonne le souvenir est la sensation, composante que l'âme ne peut « mémoriser ». Le rappel de notre séjour hors d'un corps n'est pas plus disponible. Sans corps, l'élément sensible du souvenir est inexistant. Si l'hypothèse de Platon est exacte, il nous est impossible, étant « vivant », d'imaginer ce qu'est une âme sans corps et encore moins ce qu'est un corps sans âme.

## LE DOUTE DE SIMMIAS

Les jeunes auditeurs de Socrate ne doutaient pas de l'existence de l'âme. D'ailleurs, les deux objections que nous présenterons viennent de pythagoriciens. Ce n'est pas que l'âme contienne des vérités abstraites qui soit contesté. Ce que les deux jeunes hommes craignent, c'est que, peu importe le rôle de l'âme et son contenu, rien n'oblige qu'elle survive à l'action de mourir. Si le rôle de la réminiscence permet de conclure à la préexistence de l'âme, elle n'assure pas son existence *après* la mort. Deux analogies serviront à illustrer la crainte de voir Socrate disparaître à jamais.

Simmias propose l'analogie suivante : l'âme est liée au corps comme l'harmonie l'est à la lyre. L'instrument est matériel, composé de bois travaillé, de verni et de cordes tendues. Par contre, les harmonies que produit le joueur de lyre sont incorporelles et indivisibles. Si nous brisons la lyre, aucune harmonie ne pourra être entendue. Dès que débute la destruction de l'instrument, l'accord musical est aussitôt perdu. De même, l'âme doit s'en aller la première quand le corps se meurt.

Il s'agit de la vieille conception pythagoricienne de l'âme. L'harmonie est incorporelle, mais elle surgit de l'assemblage bien proportionné des éléments matériels de l'instrument et se matérialise dans la suite des sons. Si les harmonies que produit un instrument de musique doivent être entendues, il demeure que l'harmonie, en tant que rapport mathématique entre des notes, est indivisible et incorporelle. Nous dirions aujourd'hui qu'il s'agit d'une « propriété émergente » de l'instrument bien construit. La possibilité d'émergence de l'harmonie disparaît dès que l'instrument se détériore. Il en va ainsi pour l'âme. Elle est incorporelle, mais se manifeste dans la vie d'un corps bien équilibré.

L'analogie est rapidement réfutée. Les concepts purs sont *la cause* des perceptions parce qu'elles rendent les sensations intelligibles. Quelque chose est perçue comme juste *parce que* la justice existe. L'âme préexiste aux facteurs qui en permettent le rappel. On pourrait en dire autant de l'harmonie comme cause des instruments musicaux.

## Le doute de Cébès

L'analogie de Cébès est plus sournoise. L'âme serait comme un tisserand et son corps l'habit qu'il porte. Un tisserand peut porter plusieurs habits successifs. Il en change quand celui qu'il porte est trop usé. L'âme pourrait s'incarner dans une succession de corps qui s'useraient un à la fois. Pourtant, le tisserand meurt bien un jour dans son dernier habit !

L'âme est plus résistante et durable que ses « habits », le phénomène de la réminiscence l'atteste. Pourtant, ce n'est en rien une preuve de l'immortalité de l'âme. Rien n'empêche qu'après un certain nombre de cycles de vie, l'âme meure fatalement de son usure (ce qui expliquerait certaines morts subites ou paisibles). Ce qu'enseigne Socrate − apprendre, c'est se souvenir − reste vrai pour l'homme jusqu'à sa dernière incarnation. À sa mort pourtant, cette dernière fois, il ne restera qu'un cadavre. Comment savoir si nous en sommes à notre dernière incarnation ?

Remarquez que la question est secondaire. Que Socrate meurt d'un poison témoignerait en faveur d'autres incarnations à venir ; l'âme n'est pas en cause dans cette mort-ci. D'ailleurs, quiconque mourrait d'un accident, d'une infection où à un âge fort avancé devrait être rassuré sur ce point. Si l'objection de Cébès est valable, l'optimisme de Socrate n'est au mieux qu'un sursis pour quelques cycles de vie.

La réfutation de Socrate se basera sur l'analyse de ce qui peut ou non se corrompre. Le corps est composé et divisible. Il se transforme et est donc susceptible de périr. L'âme n'est perçue qu'indirectement par les sens, mais nous avons déduit que son rôle était d'apporter la vie et un stock d'idées pures inaltérables. Est immortel (ou amortel) ce qui est étranger à la mort, ce qui est imperméable à la destruction. L'âme serait éternelle, ne pouvant recevoir le contraire de ce qu'elle apporte, soit la vie. Ce qui est immortel est éternel et ne peut se corrompre, concédera Cébès, jugeant son analogie imparfaite.

Il demeure que sans corps l'âme perd le « vivant ». Si elle ne meurt pas, elle doit « exister » sans vivre. Ce qu'il y a d'indestructible et de divin dans l'âme, ce n'est pas la vie qu'elle apporte au corps, mais le fait que nous réfléchissons. Impuissante à mourir, l'âme doit accéder à l'état « être morte ». Qu'est-ce qu'être une âme morte ?

Socrate n'ira pas plus loin. Il se rabattra sur la mythologie connue puis mourra. Ayant devant nos yeux 2000 ans de développements postérieurs au platonisme, nous irons plus loin dans la logique du développement d'une âme-chercheur sur une terre-laboratoire.

## LA NÉCESSITÉ DE VIVRE

Question fondamentale : à quoi sert-il de vivre et d'apprendre si tout s'oublie à chaque décès ? La logique du monde sacré nous a déjà livré la raison. Vivre dans le monde terrestre est une condition nécessaire à toute évolution parce que toute amélioration est un changement et que le monde céleste n'en tolère aucun. Arès, dieu de la guerre, veut toujours se battre. Il ne connaît pas ces moments de lassitude où l'on se remet en question. Pour un psychologue moderne, les dieux sont des obsédés hantés par des fixations.

160

En mode incarné, l'âme peut se servir du véhicule corporel pour faire l'expérience du particulier et de l'instable. La Terre est un « laboratoire » et les sens l'aiguillon du souvenir et de la découverte, une fois leur usage bien contrôlé grâce à une éducation adéquate. Ainsi justifié, le séjour terrestre s'accompagnerait de l'occasion d'un travail : enrichir l'ensemble des idées pures. Aidons-nous en imageant l'évolution des mathématiques.

Quelqu'un eut l'idée un jour de tracer l'augmentation d'une quantité (i. ii, iii, iiii, ...) définissant une écriture les entiers positifs. Utilisant cette écriture, un descendant de son peuple eut l'idée d'associer la somme de deux nombres à un troisième, le résultat de leur « addition ». Il venait de rendre disponible, ce faisant, la notion d'égalité. Ayant mémorisé ce savoir par écrit, un de ses successeurs, ayant appris jeune l'utilité de quantifier, d'additionner et de comparer, conçut l'opération inverse de l'addition, la soustraction. Le « livre des maths » s'enrichissait de cette nouvelle idée. Plus tard, en utilisant la soustraction, un élève ingénieux dut réfléchir à la conséquence du retrait d'une quantité plus grande que celle disponible. Il conçut alors la notion de quantité manquante et les nombres négatifs. Le livre des mathématiques en conserva le principe et les futurs élèves apprirent encore plus vite, aiguillonnés par le savoir préservé par l'écriture et présenté par des professeurs.

D'un concepteur à l'autre, le texte qu'apprennent leurs successeurs s'allonge. Pour chacun, « le livre des mathématiques » demeure toujours au départ une suite de taches d'encre sur du papier (de rayures sur du bois ou de la pierre, peu importe). Devenant amoureux des mathématiques sous l'influence de leurs enseignants, les élèves futurs découvriront rapidement les idées pures dont ces signes provoquent le rappel. Apparaissent les premiers véritables mathématiciens, les écoles et les livres. D'ailleurs, si Platon pouvait contempler le monde moderne, il remarquerait l'obligation des études, l'établissement d'universités et de centres de recherche, et l'incroyable expansion et diversité de champs de recherches spécialisés, autant que l'évolution de la technologie et de la médecine.

Si chaque mathématicien est mortel, la théorie est « amortelle ». Que tous les livres de mathématiques soient détruits, que tous les humains ayant des notions en mathématiques soient exterminés, la « théorie » persisterait à l'état « mort » (non vivant). Le problème de Platon est que l'âme est à la fois un contenant et un contenu, comme un livre de math est porteur d'un savoir inaltérable et distinct du mathématicien vivant, mais sans que le livre soit lui-même inaltérable, même s'il persiste plus longtemps que le mathématicien. La question cruciale pour Socrate se mourant demeure non résolue, mais elle s'est transformée : qu'est-ce qui évolue durant une vie terrestre ?

L'âme incarnée est l'équivalent d'un mathématicien débutant dont le savoir se résume à l'idée de nombre, d'égalité et quelques autres notions fondamentales possibles. Pour Platon, une âme « neuve » doit posséder un minimum de concepts de base (vrai, bien et juste, par exemple) pour construire toute connaissance. Le « livre » en cours de rédaction constituerait le savoir « mémorisé sur terre » qui faciliterait le souvenir (la re-découverte). L'image du développement des maths ne permet toutefois pas de trancher entre deux hypothèses possibles. Or, les conséquences sur l'éthique de vie, en particulier l'élément altruiste, différeront radicalement selon l'hypothèse privilégiée.

Le *Phédon* a été l'occasion pour Platon de donner un sens à la vie en trouvant un sens à la mort, devenue celle d'un individu. Plusieurs l'ont souligné, une vie sans fin deviendrait insensée. C'est la menace continuelle de la mort qui nous fait agir. Tout élève ayant un travail à remettre sait cela. Or, personne ne peut m'éviter cette nécessité en mourant à ma place. Prendre conscience de la mort, c'est comprendre que la sienne viendra. Le dernier jour de Socrate se veut une manière de concevoir cette mort personnelle. La première hypothèse supposerait que de multiples âmes individuelles évoluent. Une supposition qui sied bien à l'époque actuelle.

Si l'âme conserve l'ensemble des formes pures qu'elle a apportées et celles qu'elle a développées dans cette vie, elle garde donc son individualité. Ce qui expliquerait la vitesse d'évolution de chacun. Ayant « bien » vécu, une âme apprendra plus vite dans ses vies à venir. L'avantage d'un savoir théorique enrichi serait la récompense pour avoir investi sa vie dans l'étude plutôt que le plaisir. L'intérêt à participer à la vie communautaire, à respecter les lois et à aider les autres serait mesuré au rendement pour soi en retour. Il est clair que la civilisation aide l'apprentissage et le développement de connaissances. Donc l'altruisme serait une vision égoïste à long terme (voir Skinner, livre 4).

Mais d'incarnation en incarnation, l'âme apprend-elle vraiment plus vite d'elle-même ? Dans des conditions similaires d'apprentissage, la plupart des élèves progressent de la même manière. Si l'ensemble des âmes progressent plus vite de nos jours, c'est grâce aux dispositions éducatives que la société moderne met en place pour favoriser l'acquisition de connaissances chez les jeunes. Et l'hypothèse entraîne qu'il existerait possiblement des dizaines de milliards d'âmes !

La seconde hypothèse conçoit l'existence d'une âme unique dont des copies de base sont « downloadées » sur terre. Elle s'accommode d'un nombre variable de copies et d'un développement normal des enfants dans un contexte stimulant équivalent. Si l'âme est une Forme (ce que rejettera Aristote), nos âmes ne seraient que la conséquence d'une participation à cette Forme et disparaîtraient une fois cette Forme désincarnée.

Ces « développeurs » de savoir en accumulent-ils plus ? Si oui, cela semble n'avoir aucun impact sur leur statut à la naissance. Serait-ce plutôt que l'action des âmes favorise le développement de la civilisation qui, grâce à la technologie et aux institutions sociales, accélère le développement des âmes ? Par ailleurs, ce progrès pourrait améliorer grandement la qualité du véhicule corporelle dont les limites sont bien réelles. Mais dans quel but tout cet investissement ?

Collectivement, il semble que l'éthique de vie soit de s'investir « corps et âme » dans un projet social, l'hommilière, visant à rassembler un savoir rationnel qui intéresserait... notre créateur.

L'épilogue présentera succinctement la vision d'Aristote sur ce rapport à Dieu.

## Platon (v 428-427 – v 347-346)
### Athènes, Grèce

Né deux ans après la mort de Périclès (en -429), Platon vient d'une riche famille de propriétaires terriens. Par sa mère, Platon est le petit-neveu de Critias et le neveu de Charmide, deux disciples de Socrate, tous deux du Conseil des Trente, un régime de terreur imposé par Sparte pendant neuf mois, à partir de -403. Platon fut 9 ans le disciple de Socrate, de -408 à -399. Le jeune homme aurait côtoyé le gouvernement des Trente Tyrans, mais aurait vite renoncé, dégoûté de la politique. Despotiques et sanguinaires, les Trente auraient ordonné environ 1 500 exécutions sommaires.

Vers l'âge de 40 ans (-388 à -387), Platon se rend en Italie du Sud. Il entre en contact à Tarente avec le pythagorisme (voir livre 3). Denys I$^{er}$, qui s'intéresse à la philosophie, le reçoit à Syracuse. Platon gagne à la philosophie Dion de Syracuse, beau-frère de Denys. Ses rapports s'enveniment et Platon est embarqué de force sur un bateau spartiate, vendu comme esclave, mais affranchi par un philosophe qui l'aurait reconnu.

Platon fonde l'Académie à Athènes en -387, selon le modèle pythagoricien. Il s'agit du premier institut d'enseignement supérieur connu en Occident. Il y enseigna quarante ans. Selon la légende, était gravé à l'entrée « Que nul n'entre ici s'il n'est géomètre ». Beaucoup d'hommes d'État y étudièrent.

Au début de -367, Platon fait un deuxième voyage politique en Sicile. À la mort de Denys I$^{er}$, Dion demande à Platon d'éduquer Denys II, à la philosophie. Mais Denys II bannit Dion, soupçonné de comploter, et Platon est emprisonné une année. En -366, Aristote entre à l'Académie à dix-sept ans. Il y restera vingt ans. En -361, Denys II le Jeune promet de gracier Dion à condition que Platon, alors âgé de soixante-huit ans, revienne une troisième fois en Sicile. Les relations de Platon avec Denys II se dégradent et un vaisseau de guerre vient pour libérer le philosophe.

Platon meurt à Athènes en -347 ou -346 au moment où Philippe II de Macédoine guerroie pour conquérir Athènes. Auteur de plus d'une trentaine de livres, presque exclusivement des dialogues, dont *Le Banquet*, *La République*, et *Phédon*, son œuvre produit les premières formulations des problèmes de la philosophie occidentale. La théorie des Formes conçue par Platon suggère que nos expériences sensibles composent avec des copies de modèles purs incorruptibles et immuables. La Forme suprême serait le Bien. La Cité juste doit être construite selon le modèle du Bien en soi.

164

# Épilogue
## UNE BULLE DE « MATIÈRE À PENSER » EN DIEU[1]

La pensée d'Aristote serait vaste et complexe, trop pour notre propos. C'est le théologien qui nous intéresse. En partant de Dieu pour aboutir aux changements incessants sur Terre, Aristote complétera la logique du sacré, du moins pour l'Antiquité (pour la psychologie du sacré, voir Ptolémée, intro, livre 3). Cause première, unique et éternelle, Dieu est le « premier moteur », lui-même immobile, qui anime l'univers. Cette immobilité pour exprimer la perfection est l'intuition fondamentale d'Aristote.

Pour nous faire à l'idée d'un « moteur immobile », nous utiliserons une analogie. Imaginez que vous êtes parfaitement immobile, en train de réfléchir. La suite de vos pensées semble alors jaillir en votre esprit sans effort ni mouvement apparent de votre part. Une suite d'idées ou d'images mentales se succèdent devant vous, devenu simple spectateur de votre réflexion. Pourtant, vous êtes la « cause première » de cette suite d'idées. Si vous vous en désintéressiez, ces pensées cesseraient. Tel est Dieu pour Aristote. Il n'est pas « vivant », il est la vie. C'est en un Dieu parfaitement immobile que notre univers anime son existence.

## LA PREMIÈRE SERVANTE

Pour les astronomes grecs, les étoiles se situent à la surface d'une sphère invisible. Ce globe est le fruit d'une observation, celle de milliers de scintillements lumineux tournant inépuisa-

---

1 — Cette section est de lecture optionnelle pour mes élèves.

blement autour de la Terre. Mais cette sphère, aussi gigantesque soit-elle, a un rayon et un volume, donc une limite. Qu'y a-t-il par-delà l'univers ? Dieu, sinon rien.

Pour Aristote, notre bulle-univers existe en Dieu. La sphère étoilée est la partie de notre univers la plus près du divin, donc la plus pure. Sa constitution le prouve. Le nombre d'étoiles et leur distribution sont toujours identiques, animées en totalité d'un mouvement régulier où défilent toujours les mêmes groupements d'étoiles. Cette variation de place dans le temps est la seule « imperfection » (sa mobilité) de la sphère des étoiles.

Allons-y d'une autre intuition, de Parménide cette fois, un philosophe de la génération du père de Socrate. Il suggéra que Dieu pouvait être représenté par une sphère. Pourtant, toute figure tracée est limitée, a-t-on argumenté. Certes. Mais parcourir la circonférence d'un cercle se fait indéfiniment, d'un mouvement régulier (vitesse constante, sans accélération). Pour pouvoir exprimer « l'infiniment divin » d'un Dieu dans la limite d'un cercle, la figure se met à tourner, libérant « l'illimité » de Dieu dans un mouvement régulier sans fin. (On comprend mieux alors pourquoi on trouve tant « d'anneaux de pouvoir » et de « cercles de protection » dans les récits fantastiques modernes). C'est ce qui survient avec la sphère étoilée, premier porte-parole (représentant) du divin.

**Aristote (-384 - -322)**

Né en Macédoine dans une colonie grecque, son père était le médecin du roi Amyntas de Macédoine. Devenu orphelin, Aristote se rend à Athènes et entre à l'Académie à 17 ans, quand Platon est en Sicile. Il y fut remarqué par son intelligence et sa rigueur.

Aristote rédige d'abord des œuvres dans le style des dialogues de Platon. Vers -350, il écrit l'*Organon*, un traité sur l'art de déduire et d'argumenter qui influera sur le Moyen-Âge. En -346, voyant la succession de Platon lui échapper, il quitte Athènes. Entre -346 et -344, Aristote ouvre deux écoles dans de petites villes de la côte turque.

En -343, il revient en Macédoine. Le roi Philippe II en fait le précepteur (pour trois ans) de son fils Alexandre, âgé de 13 ans. Entre -345 et

-335, Aristote rédige de nombreux ouvrages, dont la *Physique*, qu'il termine, et l'*Éthique à Nicomaque* qu'il commence. Vers -341, il prend épouse.

En -338, Philippe II soumet Athènes. Aristote y revient en -335. La direction de l'Académie lui échappe une seconde fois. Il fonde alors le Lycée, comprenant une bibliothèque et un musée financés par Alexandre. Veuf, il se remarie.

Entre -335 et -323, Aristote rédige de petits traités et termine l'*Éthique à Nicomaque*. À la mort d'Alexandre, il quitte Athènes et meurt l'année suivante. Ses biographes le disaient bègue. Il portait une grande attention à son apparence (comme Kant plus tard).

Avant de commenter l'intérieur de notre sphère-univers, il faut préciser deux autres concepts fondamentaux du système d'Aristote.

## OBJET EN ACTE ET EN SUBSTANCE

Dieu manifeste toujours tout ce qu'il est en tout temps. Il est « acte pur ». Comme le soutient la tradition mystique, Dieu ne peut pas être adéquatement représenté. Socrate soulevait un problème similaire quand ses auditeurs voulaient définir la justice ou l'égalité à l'aide de cas particuliers de leur vie. Toute représentation est limitée et laisse dans l'ombre des facettes du concept (forme pure) à définir.

Prenez-vous en exemple, lecteur. Vous pouvez être joyeux ou triste, jeune ou vieux, en santé ou malade, vivre seul ou en couple, résider en ville ou en banlieue, et ainsi de suite. Vous ne pouvez pas être tous ces choix en même temps. Si vous êtes triste, malade et vivez en couple, c'est votre situation actuelle, « en acte », dira Aristote. Pourtant, vous auriez pu être joyeux, en santé et vivre seul. Vous êtes ces possibilités « en puissance », expliquera le philosophe. Tout ce que vous pourriez être sans l'être actuellement, tous ces « vous » possibles constituent la partie cachée de vous, votre « être en puissance ». De même, toute pomme est un pommier en puissance, tout pommier est un pommier en acte. L'opposition acte/puissance est la seconde intuition fondatrice du grand philosophe. Tout objet sur terre ne montre à chaque instant qu'une maigre partie de ses états possibles. Si un

objet pouvait toujours être tout lui-même, il serait pur, éternel...
et éjecté de notre monde ! Tout objet existe « en soi » et s'éloigne en conséquence de Dieu. Notons au passage que c'est ce qui
nous empêche de comprendre Dieu. Nous ne pouvons le percevoir dans sa totalité en un seul instant.

Plus on se rapprochera de la Terre, plus les objets subiront de
grands changements. La perte de perfection divine entraînera
d'abord une perte d'immobilité, puis de régularité, puis de stabilité et, enfin, de durée. Revenons à la sphère qui délimite notre
univers. Plus les lumières du ciel s'éloignent de Dieu, plus elles
deviennent irrégulières. Les étoiles ne font que tourner autour
de la Terre, perdant l'immobilité divine (comme le cercle de Parménide). À l'intérieur de la sphère, dans l'espace entre les étoiles
et la Lune, les planètes et le Soleil tournent eux aussi, mais d'un
mouvement irrégulier (du moins en apparence), et avec un éclat
variable, donc avec une perte de régularité.

La Lune aussi fait partie du monde céleste, mais elle est mi-
lumière, mi-obscurité. Elle constitue la « porte » vers le monde
sublunaire, soit la Terre, comme le ventre des femmes est la porte
par où passe la vie. C'est grâce à ce compromis que l'âme s'incar-
ne. Mais avant de poursuivre, il nous faut préciser à nouveau deux
concepts.

## LA SUBSTANCE TERRESTRE

Dans notre monde matériel (sublunaire, terrestre), tout objet,
qu'il soit vivant ou non, est une « substance », précisera Aristote.
Les formes pures dont parlait Platon doivent apparaître dans des
objets concrets. Personne n'a jamais vu « l'égalité en soi » quelque part. On perçoit toujours que deux objets sont égaux sous un
aspect donné (même âge, même grandeur, même poids, etc.). La
substance accueille donc des idées pures qui moulent une « matière » (comme de la glaise) pour qu'elle manifeste (devienne un
exemple) de la forme d'essence divine.

Sous la Lune, non seulement les objets (substances) changent-
ils de place, mais ils apparaissent à divers moments sous diver-

ses formes (joyeux ou triste, malade ou sain, dans notre exemple humain), d'où une perte de stabilité. De surcroît, les objets sont périssables, d'où une perte de permanence. Si la substance tend vers d'autres états (selon des contraires, affirmera Aristote), c'est que, incarnées dans la matière, les formes se trouvent dans un « théâtre » trop limité pour s'exprimer complètement (thème privilégié chez Socrate).

La matière n'est qu'un support passif qui obéit aux formes, un peu comme la glaise sous la pression des mains. Son rôle nous assure que la matière est forcément informe. Elle constitue un pur chaos, insaisissable pour notre intelligence. Elle n'est que « matière à pensée divine ».

Comment se produit l'actualisation des états en puissance dans les objets ? Aristote dira que c'est par « l'actualisation de l'idée de puissance elle-même ». C'est l'âme, pur mouvement, qui est le moteur (la cause) de ces transformations.

## L'ÂME FONCTIONNELLE

Dans un traité intitulé *De l'âme*, Aristote commente et critique diverses théories de l'âme qu'il connaît. Ce texte aura une grande influence au Moyen Âge. À la fin du traité, dans une section tardive, Aristote reprend le thème de l'unité de l'âme à partir de considérations très modernes. Voici pourquoi. Quand il a quitté l'Académie à Athènes, Aristote s'est installé en Ionie (côte turque de la Méditerranée). Il a eu le loisir d'observer la faune marine. Jusque-là, le philosophe n'était qu'un citadin concentré sur ses cours et ses écrits.

Si l'âme permet la vie, celle-ci consiste d'abord en la capacité de se nourrir des plantes. Ensuite apparaissent la sensation puis la motricité, complète chez les animaux. Finalement, l'humain possède les facultés de représentation et de raisonnement. Aristote mentionne la possibilité de diviser des créatures primitives en deux (des vers), chaque morceau reformant une nouvelle créature. Est-ce que la nutrition, la sensation, la pensée et le mouvement peuvent être causés par des âmes différentes ?

La question semble avoir ébranlé le célèbre penseur. Pour se convaincre que l'âme est unique, Aristote utilise une preuve par analogie en raisonnant avec un « modèle » géométrique, la « science » favorite de son maître, Platon. L'âme est similaire à une figure géométrique plane quelconque de x côtés. La surface d'une telle figure peut toujours être divisée de manière à ne former que des triangles. Un carré ou un rectangle, par exemple, ne se définit pas comme une association de triangles, mais il se compose pourtant de triangles. Cette figure de base agit comme un « principe » de construction. De manière analogue, il existe une seule âme dans chaque forme de vie, mais elle peut accomplir une multiplicité de fonctions.

Nous sommes très près de la pensée évolutive de la biologie moderne. Les deux principales fonctions sont la nutrition (cellulaire) et la locomotion (dépense d'énergie musculaire). Une partie de l'énergie captée peut être déviée en information (fenêtres sensorielles) et associée à une mémoire des plaisirs et des irritants. Une partie de l'information sensorielle peut à son tour être déviée vers l'analyse perceptuelle et permettre l'élaboration de plans d'action et de « cartes » du territoire.

En mûrissant, Aristote ressemble plus à un chercheur moderne qu'à un théologien de l'Antiquité. Mais pour développer des expertises, il faut une écriture mathématique, des instruments, des écoles et des livres. Jusqu'à la fin de l'Empire romain, la curiosité scientifique se contentera de brèves spéculations dans des opuscules de philosophie aux visées multiples. Pour obtenir des dispositions favorables à la recherche, il fallait des villes où s'épanouiraient des lettrés et des artisans en tout genre.

Or, une ville moderne est bien plus qu'une simple cité-État de l'Antiquité, et dont Rome établira les limites du genre. Quand l'empire s'écroulera, il laissera de nombreux îlots de civilisation parsemés partout en Europe, depuis les steppes polonaises jusqu'aux terres bretonnes. Elles conserveront en héritage les débris de la civilisation romaine. Entre autres, le développement de codes juridiques, des administrateurs indépendants de l'Armée, le développement des routes, l'alimentation en eau, la monnaie, l'éducation minimale et la culture variée des terres.

Loin des vieilles institutions religieuses et politiques, loin des concentrations de population d'Asie, où le nombre est un frein à l'évolution, une nouvelle manière de se regrouper allait se développer autour des châteaux et des palissades des bourgs, la féodalité. Un système d'allégeance et un code de comportements qui laissent plus de libertés aux villages et des petites villes tout en donnant un rôle social et une éducation aux femmes, qui constituent la moitié de la population.

# Médiagraphie

*Baraka*, film étasunien de Ron Fricke, 1993.

> *Baraka* (ou *Berakhah*) une bénédiction judaïque. Ce film est une série de paysages et d'extraits de cérémonies à caractère sacré.

*Civilisation* (1), de Sid Meier, jeu d'ordinateur, 1991.

> L'innovation technologique est le moteur de la course à la civilisation entre les peuples (comme chez Karl Marx, Livre 4) ; armes, productivité et santé en dépendent. De petits textes explicatifs accompagnent le déroulement de la partie. Du communisme, Meier dira qu'il a agi en accélérateur de passage de la monarchie et du terroir à la démocratie et à l'industrie moderne.

> Une vision anglaise de la lutte des peuples, où le contrôle des mers est vital.

*La Controverse de Valladolid*, de Jean-Claude Carrière, 1992.

> La pièce ne se veut pas un tableau historique. La conférence traitait de deux types d'exploitation commerciale. Carrière présente la conférence comme un débat sur l'humanité des Amérindiens. Il précise son intention dans une note au lecteur : *Je n'ai eu pour intention que de soumettre un récit diffus à une dramaturgie, que de tendre et durcir l'action. La vérité que je cherche dans le récit n'est pas historique, mais dramatique.*

*Métis, les ruses de l'intelligence chez les Grecs* de Jean-Pierre Vernant et Marcel Détienne, 1993.

Les auteurs font un examen exhaustif de l'usage par les Grecs de l'Antiquité de l'étiquette « rusé ». Un effort pour recomposer l'esprit d'un terme dans une culture ancienne.

*Le moine et le philosophe* de Jean-François Revel et Matthieu Ricard (Le bouddhisme aujourd'hui), 1997.

Le père est un philosophe agnostique. Le fils un brillant chercheur qui fait un doctorat en biologie moléculaire. Mais voilà qu'il abandonne tout et devient moine bouddhiste. En 1996, père et fils se rencontrent pour discuter à la ville de Hatiban au Népal, occasion d'une réconciliation. Ce livre est le résultat de leurs entretiens.

*Ô vous, frères humains* Albert Cohen, 1988.

Un témoignage émouvant sur la terreur d'un enfant de dix ans devenu brusquement la cible publique d'une haine raciste. Le plaidoyer pour une société humaniste d'un vieil homme qui souffre encore au rappel du pire moment de sa vie.

*Penser sa vie : une introduction à la philosophie*, Fernando Savater, 2000.

L'introduction fournit une distinction fort positive entre philosophie et champs de science. Je fus agréablement surpris que le premier chapitre introduise la réflexion en philosophie à partir de la conscience de la mort :

« *Je me souviens fort bien de la première fois où j'ai vraiment compris que, tôt ou tard, je devais mourir. J'avais dans les dix ans (...) lorsque viendrait ma mort, je serais toujours moi, exactement le même que celui qui venait de prendre conscience de cela.* »

Je venais de me découvrir un frère philosophe.

*Toute l'histoire du monde*, J.C. Barreau et G. Bigot, 2000.
Cet ouvrage permet de voir l'évolution des peuples en quelques centaines de pages truffées de commentaires intelligents. Une œuvre d'amour.

*Le théorème du perroquet*, Denis Guedj, 1998.
Une intrigue policière est l'occasion d'une présentation vivante de l'histoire du développement des mathématiques.

*A day without rain*, Enya, CD 2000.

*Spiritchaser*, Dead Can Dance, CD 1996.

# Table des matières

RECYCLÉ
Papier fait à partir
de matériaux recyclés
FSC® C103567

Marquis imprimeur inc.

Québec, Canada

2011

Imprimé sur du papier Silva Enviro 100% postconsommation
traité sans chlore, accrédité ÉcoLogo et fait à partir de biogaz.